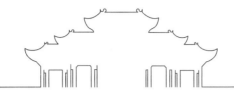

产教融合视域下的
旅游社会化营销
策略与实践研究

张春华　郑忠阳／著

西南财经大学出版社

中国·成都

图书在版编目（CIP）数据

产教融合视域下的旅游社会化营销策略与实践研究/
张春华,郑忠阳著.--成都:西南财经大学出版社,
2024.11.--ISBN 978-7-5504-6493-3

Ⅰ.F592.68

中国国家版本馆 CIP 数据核字第 2024NU720 号

产教融合视域下的旅游社会化营销策略与实践研究

CHANJIAO RONGHE SHIYU XIA DE LÜYOU SHEHUIHUA YINGXIAO CELÜE YU SHIJIAN YANJIU

张春华　郑忠阳　著

责任编辑:李思嘉
责任校对:李　琼
封面设计:墨创文化
责任印制:朱曼丽

出版发行	西南财经大学出版社(四川省成都市光华村街55号)
网　　址	http://cbs.swufe.edu.cn
电子邮件	bookcj@swufe.edu.cn
邮政编码	610074
电　　话	028-87353785
照　　排	四川胜翔数码印务设计有限公司
印　　刷	成都市火炬印务有限公司
成品尺寸	170 mm×240 mm
印　　张	9.75
字　　数	166 千字
版　　次	2024 年 11 月第 1 版
印　　次	2024 年 11 月第 1 次印刷
书　　号	ISBN 978-7-5504-6493-3
定　　价	58.00 元

前言：遇见美好

2023 年年末，哈尔滨冰雪旅游火遍中国大江南北，仔细观察后，我们会发现社会化营销功不可没。从基础的营销信息铺设到退票事件的公关营销，其社会化营销的开展如行云流水，水到渠成。这让笔者再次燃起了对社会化营销的研究热情。笔者从接触旅游社会化营销实践工作开始，就转换于旅游市场研究者、中小企业管理者和职业院校教育工作者的不同身份之间。不断变化的角色，总能引起笔者新的学习和思考。

由于工作的思维惯性，笔者总不自觉地把探索比作旅行。因为除却旅行，很少有别的行为能呈现出追求过程中的热情和矛盾。《徐霞客游记》中有一篇《恒山日记》，其中关于未知攀爬的描写让笔者一直难忘。"自沙河登山涉涧，盘旋山谷，所值皆土魁土堆荒阜；不意至此而忽跻穹窿，然岭南犹复阿蒙也。一逾岭北，瞰东西峰连壁隤同颓，翠蜚飞丹流。其盘空环映者，皆石也，而石又皆树；石之色一也、而神理又各分妍；树之色不一也，而错综又成合锦。石得树而嵯峨倾嵌者，幕覆盖以藻绘文采而愈奇；树得石而平铺倒蟠弯曲者，缘以突兀而尤古。如此五十里，直下至阮大土山底，则奔泉一壑，自南往北，遂与之俱出坞口，是名龙峪口，堡临之。村居颇盛，皆植梅杏，成林蔽麓。既出谷，复得平陆。其北又有外界山环之，长亦自东而西，东去浑源县三十里，西去应州七十里。龙峪之临外界，高卑远近，一如东底山之视沙河峡口诸山也。于是沿山东向，望峪之东，山愈嶙增斗峭，问知为龙山。龙山之名，旧著于山西，而不知与恒岳比肩；至是既西涉其闾内境域，又北览其面目，从不意中得之，可当五台桑榆之收矣。东行十里，为龙山大云寺，寺南面向山。"其大致的意思是：两边悬崖耸立，涧流从中而过，穿行在缝隙般的峡谷中，窄得几乎没法通过。山涧弯弯曲曲，崖壁高高低低、幽深雅致，就连伊阙两山秀丽的风光、武夷山回环旋转的九曲溪水，都不能与之相比。抬头望去令人神往，鼓足勇气独自攀登。崖壁异常高峻陡峭，称得上天下奇观。下来后，又在峡中转了三四弯，谷口豁然开阔，峰峦掩映，仿佛另有天地。

掩卷深思，如今的职业教育又何尝不是这样呢？对于产教融合这一视域下的社会化营销的相关探索，笔者也有这样的感受——探索的辛苦与成功的喜悦总是交织在一起的。

笔者想以自己的实践为证，写一写探索中的心得。当社交媒体从文字、图片时代一路走来进入视频和直播时代，执着于旅游体验的分享更快、更好的我们，作为社会化营销工作的从业者，也有责任以此为切入点，帮助更多的中小企业梳理社会化媒体时代的工具准备、运营手段，培养更加符合时代要求的社会化营销人才。

社会化媒体被广泛用于营销和商务活动，已经是司空见惯的事情，这些营销活动往往直接被称为"社会化媒体营销"，可简化地称之为"社会化营销"。本书对二者不加以区分。社会化营销最引人注目的应用是在旅游产业。

疫情后的中国旅游业经历了涅槃重生，进入了一个关键的时期，而5G基站等新基建的建设工作也在如火如荼地开展。在旅游电子商务、云旅游、虚拟现实技术如此发达的时代，相比于前人，我们今天有如此丰富的旅行活动，何其有幸。而社会化营销与这一切又都不期而遇，为旅游业带来的机遇更是前所未有。比如今天在抖音上搜索旅游时，我们能看到很多景区和旅游产品的宣传。很多人在抖音上看了视频觉得不过瘾，于是就跑去网红地旅游。"抖音打卡"已然成为一种旅行方式。

其实，早在2012年，国家旅游局在《中国旅游业"十二五"旅游发展规划纲要》中明确指出："鼓励以各类网络媒体，门户、论坛、博客、微博等渠道资源作为目的地旅游营销载体，根据服务的客户群特征组织相应的旅游营销，提高内容的覆盖及影响力，降低营销成本。"旅游社会化营销成为旅游业的热点，通过社会化营销，旅游企业可以在微信公众平台、新浪微博以及其他社交媒体上，发布相关的产品和服务信息，利用社交媒体的粉丝关注效应和社群效应，使得旅游企业能够通过社交媒体提升旅游企业品牌知名度、实现与潜在用户之间的广泛沟通，并让用户参与到旅游企业的旅游服务产品中，通过体验与分享产生口碑，实现营销。在文旅融合的背景下，更好地利用社会化媒体进行营销推广，已然成为广大国内旅游企业工作的重点。

与此同时，社会化营销在其他行业营销中也在逐渐凸显其重要性，特别是随着直播经济成为新热点，市场营销越来越青睐"社会化媒体"，社会化营销成为商务活动新的风口。其具有高度的互动性、透明性、社交性的特点，便于企业社会化媒体发布、分享和传播消息，同时获取客户资源。

当下中国社会化媒体的发展，也随着社交应用软件、移动支付的普及而进入鼎盛时期，中国的社会化媒体的用户数量未来仍会保持高速增长，网民会将大量的时间和精力花费在社会化媒体上，因而也使其成为各行业进行营销推广的主要阵地。目前，抖音等短视频与直播平台已经成为社会化营销的主阵地。

在社会化媒体已经高度渗透百姓生活的前提下，企业更加关注不断进步的社会化营销的内涵和外延。因此笔者觉得有必要整理多年来的积累，尤其一些用于社会化营销实践的原创作品案例，抛砖引玉，为培养更多的适应行业需求的合格学生作一点贡献。

本书在产教融合视域下，从高职院校服务社会的角度入手，采用理论研究、社会调研和实证检验的研究方法，充分发挥产教融合的优势，通过校企政三方协同机制合作开展社会化营销研究与创新实践，为高职教学开展相关生产性实训提供路径借鉴。笔者希望本书在市场研究、服务社会、产教融合反哺教育等方面对读者有些许的帮助。本书内容文字的撰写主要由张春华完成，共计 10 余万字，框架和理论部分由郑忠阳完成。

本书是广西教育科学"十四五"规划 2023 年度高校创新创业教育专项课题"产教融合视域下创新创业指导教师团队'微谋虚拟教研室'建设模式的研究与实践"（课题编号：2023ZJY1453）、黑龙江旅游职业技术学院 2024 年度校本课题"'网络营销与策划'课程的生产性实训研究与探索"（课题编号：LLXB202405）的研究成果。

张春华　郑忠阳
2024 年 8 月

目录

第一章 社会化媒体时代的市场营销

笔者对社会化媒体在市场营销领域的应用观察，始于对旅游市场开展社会化营销的认识。笔者曾经考察过杭州龙井茶的相关旅游产品与旅游商品协同营销情况，深受启发。但当笔者在接触广西的凌云的白毫茶以及凌云相关旅游营销情况的时候，忽然有种强烈的探索欲望。

通过一次偶然的机会，笔者接触到广西凌云白毫茶，借助百度百科词条，找到对于凌云白毫茶的孤零零的解释：凌云白毫茶产于广西壮族自治区凌云、乐业二县境内的云雾山中，因生长在常年云雾缭绕的岑王老山、青龙山山上，以其独特的性味和形以及药用价值成为茶中极品。凌云白毫茶，因其芽叶密披茸毛，以白毫满身而得名。凌云县位于广西西北部，靠近云贵高原，地势高峻，峰峦起伏，溪流纵横，日照适宜，漫射光多，气候温和湿润，春夏更是"晴时早晚遍山雾，阴雨成天满山云"，冬不严寒，夏无酷暑，年平均温度为 19～23 摄氏度，年降雨量为 1 700～1 800 毫米，茶树多生长在 800～1 500 米的群山峻岭上，连片茶园多分布在峡谷溪间，土壤多为高原森林土，有机质含量高，土层深厚肥沃，适宜茶树生长。

这款茶吸引笔者的不仅仅是齿间的清香、鲜醇回甘的滋味与嫩黄清澈的汤色，还有其钟灵毓秀。这是笔者第一次在茶中喝出灵秀的感觉，让笔者对这款名为"凌云白毫"的茶及产地产生了浓厚的兴趣。于是想找找其他人的体验与分享信息。当笔者习惯性地在携程、飞猪等平台上搜索关于"凌云白毫茶山"的旅游信息时，却没有找到任何相关的旅游产品或者茶产品的购买途径信息；通过马蜂窝等网站也没有找到产地的相关旅行攻略；在微信公众平台、新浪微博、抖音等自媒体平台上也没有找到推介它的旅游信息。

无奈之下，笔者只能放弃对相关分享信息的查找。笔者不由感叹，在今天这样社会化媒体高度发达的时代，为什么相关茶企没有借助社会化媒体开展营销活动呢？要明白"好茶也要勤吆喝，茶香也怕巷子深"啊。我们都能注意到，随着移动互联网技术深度和广度的拓展，移动应用使广大网民的生活方式发生了巨大的改变。建立在著名心理学教授米尔格伦（Stanley Milgram）提出的"六度分割理论"基础之上的社交网络因其资源的分享性和互动的多样性，受到越来越多网络用户的亲睐。"六度分割理论"可以简单地解释为：你和任何一个陌生人之间所间隔的人数不会超过六个，也就是说，最多通过六个人，你就能够认识任何一个陌生人。按照这一理论，如果社交中每个人都积极联系，足够地活跃，通过"熟人的熟人"来进行网络社交拓展，那么大家的社交圈都会不断被放大成为一个大型网络。

事实上，今天的社交软件帮助我们实践和验证了这一理论，并且我们已经拥有了各种满足人们网络交流需求的社交平台，如微信、新浪微博、QQ、抖音、小红书等，这些平台支持文字聊天、语音留言、图片分享以及实时视频互动等多种交流方式。在全球范围内，各个国家都有其独特的社交平台，如美国的 Facebook、Instagram，日本的 Line 等。这些社交平台不仅为人们提供了便捷的网络交流空间，而且与现实社会实现了无缝链接。

近年来，社交电商在我国高速发展，推动了网络社交关系向高度真实性方向发展。如今，新浪微博、微信等社交平台已经与现实生活更加完美地融合，网络时代的早期阶段——"完全虚拟"和"网络假面"的时期基本成为过去。各大社交平台的认证、支付平台的实名制以及数字证书技术的完善，使得"不知道网络那端是不是一只狗"的现象有所改善。特别是在移动商务和大数据技术的推动下，越来越多的社交平台开始实行实名制，网络社交环境的真实性得到了有效保障。

与此同时，社会化媒体作为一种以互联网和现代通信技术为依托的新一代媒体，凭借其高度的互动性、透明性和社交性，吸引了越来越多的人开始接触并利用它进行信息的发布、分享和传播。网络世界中的关系建立速度也在迅速加快，资源获取变得更加便捷。在我国，随着短视频与直播类社交平台成为主流，社会化媒体的用户数量保持了高速增长。这使得几乎所有的企业都发现了社交平台的营销价值，将其视为各行业进行营销推广的主要阵地。

总之，随着社交平台的发展和成熟，网络社交已经从早期的虚拟状态转变为更加真实、紧密与现实生活相连的状态。在这个过程中，社交电商和社会化媒体发挥了至关重要的作用，不仅推动了网络社交关系的发展，还为企业和商家提供了广阔的营销空间。未来，随着科技的不断进步，我们有理由相信，社交平台将更好地服务于人类社会，为网络交流带来更多可能性。

在旅游业，人们很早就发现了社会化营销的应用价值。2013 年 7 月，谷歌发布了《中国入境旅游白皮书》，指出 88% 的外国游客通过互联网获取来中国的信息，而在旅游预订、体验、分享等环节，有超过 70% 的外国游客依赖网络。中国也有类似的情况，社会化营销已经悄然进入产业运营之中。2012 年，国家旅游局在《中国旅游业"十二五"发展规划纲要》中明确指出："鼓励以各类网络媒体，门户、论坛、博客、微博等渠道资源作为目的地旅游营销载体，根据服务的客户群特征组织相应的旅游营销，提高内容的覆盖及影响力，降低营销成本。"

在旅游行业开展社会化媒体营销的发展潜力巨大的背景下，更好地利用社会化媒体进行营销推广，成为广大中国旅游企业营销发展的方向。旅游企业要想在竞争中脱颖而出，要形成旅游者对企业的信赖和关注，社会化媒体营销是当前最佳的一种途径。通过社会化媒体营销，旅游企业可以在微信公众平台、新浪微博以及其他社交媒体上，发布相关的产品和服务信息，利用社交媒体的粉丝关注效应和社群效应，使得旅游企业能够通过社交媒体提升旅游企业品牌知名度、实现与潜在用户之间广泛的沟通。社交媒体用户参与到旅游企业的旅游产品的设计中，通过体验与分享产生口碑，实现营销。

窥一斑而见全豹，从旅游业情况我们可以看到社会化营销的重要性和发展潜力。同时，移动支付技术的普及，无现金生活服务的快速演变，让社交电商迅速走到与平台型电商比肩的位置。新零售业早就在提示这样一个观点：既然成功的本地商务都是依靠人与人的关系进行的营销，那么这种社会关系借助更加便捷的社交平台一定会更有想象空间，一个线上线下同步的、更加适合传播的社会化媒体环境，必将在直接产生交易方面贡献更大的力量。显然，社会化营销正在成为现代商务离不开的土壤。

目前，国内外社会化营销研究的共同观点是：社会化媒体传播效率高、影响面广，评价来自用户因而富有感染力，利用社会化媒体营销是当前中小企业的最佳选择。国外对社会化媒体营销的研究，多在于社会管理和营销理论，而国内的研究更重视理论综合，有部分营销策略的研究，而将社会化媒体营销具体应用到中小企业的操作中的研究相对较少。本书将就中小企业在社会化营销具体的应用方面通过实践案例进行探索研究。

随着社交媒体的普及，其对企业营销的作用日渐明显。特别是成本低、可用碎片时间与客户直接沟通等优点，让中小企业可以避开大企业在资金、影响力等方面的优势，有机会与大企业同台竞争。众多的中小企业迅速抓住了这个机遇，并伴随社会化营销的不断演化，中小企业社会化营销已经逐渐成体系，从流量聚集到粉丝群体形成，最后形成企业产品忠实用户的精准人群富集。社会化营销相对于传统营销有着巨大的进步，最大的进步在于借助互联网思维，第一次将"人"作为了营销对象，而不是针对"产品"和"品牌"进行营销。品牌要深入了解目标市场的需求和兴趣，制定有针对性的营销策略，并不断优化和调整。同时，品牌还要关注社交媒体平台的规则和趋势，以避免违规行为和降低风险。据统计，全球社交媒体用户数量已经超过 50 亿[①]，而中国社交媒体用户数量已经超过 10 亿[②]。这表明社交媒体已经成为品牌与消费者之间沟通的重要渠道；因此，社会化营销已经成为企业不可或缺的营销策略之一。企业通过用户教育和客户培养，针对人的情感和体验进行营销，从而使受众产生购买动机。

技术革命的推进促进了互联网的发展，给予人们更多生活便利，让人们做事更有效率、视野更具国际化。互联网具有讯息多样、功能全面、传播迅速、内容丰富等特点，我们的生活正在被各种社交网络渗透着，它不仅改变了人与人之间的沟通方式，也改变了信息传播和市场营销的方式。"互联网+"重新定义了大部分行业的规则，更是颠覆了信息品牌传播的固有格局，为企业的营销方式带来了革命。面对当下的局面，企业意识到了"互联网+品牌"是在激烈的竞争环境中脱颖而出的关键点，企业用互联网的思维进行品牌的传播，依靠社会化媒体进行推广营销，多方位地升华品牌，品牌才能长久生存。

短视频与直播让社会化营销进入了新阶段。社会化营销已经成为现代商务营销活动，特别是品牌营销的标配。基于当代社交网络的新的品牌经济，往往在继承了传统的品牌文化后又会围绕自身的品牌特性和人格化塑造，借助互联网的连通能力，与用户产生情感的共鸣，用户之间也会因为共同消费同一品牌而产生社交沟通，并通过分享加深品牌的认知和认同，

---

① 数据来源：《2023 年新媒体生态洞察：行业用户规模 10.88 亿，用户流转、分流进入新阶段》。

② 数据来源：WEZO 维卓《2024 社交媒体全球使用趋势报告》。

从而实现品牌资产的转化与增值。

基于这样的基础，以品牌企业文化为核心，配以完善的营销技术、有效检测手段，在采集了海量用户数据的分析后，品牌社会化营销不仅可以完成品牌的营销闭环建设，也可以使整个营销流程更加顺畅。

第一节　互联网给中小企业带来的机遇与挑战

互联网的发展为中小企业带来了许多机遇，但同时也带来了一些挑战。简单地说，互联网的全球性使得中小企业能够轻松地进入全球市场，从而扩大其客户基础；通过互联网进行交易可以降低实体店面的租赁成本，降低交易过程中的沟通成本和人力成本，升级交易效率；通过数据分析，中小企业可以更好地理解客户需求，提供定制化的服务和产品，优化客户体验；通过社交媒体和其他在线平台，中小企业可以建立自己的品牌形象，提升品牌知名度。同时，中小企业也会遇到一些挑战，如互联网使得市场竞争变得更加激烈，中小企业需要不断创新以保持竞争优势；随着交易和客户数据的数字化，数据安全问题也变得越来越重要，中小企业需要投入更多的资源来保护数据安全；互联网技术不断进步，中小企业需要不断学习和适应新技术，以跟上市场变化的步伐；在全球化的市场中，中小企业须要具备全球化的视野和战略，以应对来自全球的竞争。

毋庸置疑，互联网正在深刻地影响着世界。对中小企业来说，拥抱电子商务是机遇。借助现代通信技术、电子信息技术和网络技术的高速发展，互联网条件下的社会化媒体给企业营销带来的机遇也是革命性的。一般情况下，我们称当前的媒体发展阶段为全媒体时代，即相对于传统媒体时代，这一时代还有新的媒体属性，所以新媒体与传统媒体合称全媒体。被划归为新媒体的介质从"网络媒体""手机媒体""互动电视"，到"车载移动电视""楼宇电视""户外高清视频"等，说明关于新媒体涵盖了数字技术、互联网技术、移动通信技术的新的技术载体。例如，我们称电视节目为传统媒体，而它的网站、App、新浪微博、微信公众号则是新媒体载体。而用于社会交往的网络媒体，例如，微信以及抖音等一般被称为社会化媒体。

新媒体与传统媒体的最大区别在于新媒体因为网络技术，有了更强的交互性与即时性，内容因互动而更加丰富，并实现大数据积累与共享。新媒体涵盖了所有数字化的媒体形式，包括所有数字化的传统媒体、网络媒体、移动端媒体、数字电视、数字报刊等。美国《连线》杂志对新媒体的定义："所有人对所有人的传播。"联合国教科文组织对新媒体的定义："以数字技术为基础，以网络为载体进行信息传播的媒介。"

新媒体作为一种在报刊、广播、电视等传统媒体之后发展起来的新的媒体形态，其概念来自与传统媒体的区别，它更多地是从媒体内容承载和传播的形式上来定义的。由于互联网给了每个人以机会和空间，相对于传统媒体的以中心发布为特征的媒体结构，特别是社交平台出现后，其为人类第一次提供了一种多中心的媒体发布和传播机制，使每一个人都有机会成为信息发布的中心。

从传播的角度看，新媒体是数字信息技术支撑下所有人对所有人的传播，通过媒介形态的表现串联具有相似特性、相同需要、共同需求的公众群体。它是新思维、新技术、新业态驱动下企业创新的必然选择。新媒体与传统媒体的传播特性至少有三个方面的区别，即"去中心化的用户原创性、即时双向互动性、社交化分享与意见传播"。

首先，去中心化的用户原创性。这里的原创性，区别于传统单一的内容，是特定的时间所赋予的新的内容的创造，区别于前面时代所具备的内容上形式上理念上的更革新的一种创新，一种更具备广泛意义的创新。

其次，即时双向互动性。网络传播的优势明显，可实时的传播让交流可自由把握时间的延迟，同时也可以实时地反馈，实现双向的传播和互动，是最轻松的社交模式。

最后，社交化分享与意见传播。社交媒体具备形成一种在意见领袖影响下的传播倾向。具备影响特定时间内特定人群的视觉或听觉反应的能力，从而导致产生相应的趋同的认知并传播的结果。

第二节　新媒体与社会化媒体

在新媒体领域诞生了许多新的词汇，如自媒体、社会化媒体等。其中自媒体一般用英文"We Media"来表示，其命名是从媒体的产生与发布结构上的区别而来，指私人化、平民化、普泛化、自主化的传播者，以现代化、电子化的手段，向不特定的大多数或者特定的单个人传递规范性及非规范性信息的新媒体的总称。自媒体没有明确权威的定义，只有一些相对知名的说法，例如，2003 年 7 月，美国新闻学会的媒体中心出版的由谢因·波曼与克里斯·威理斯联合提出的研究报告对自媒体进行了定义："自媒体是普通大众经由数字科技强化、与全球知识体系相连之后，一种开始理解普通大众如何提供与分享他们本身的事实和新闻的途径。"简言之，自媒体就是普通人用以发布自己亲眼所见、亲耳所闻事件的载体，如博客、微博、微信、论坛等网络社区。

但新媒体与社会化媒体是什么关系呢？我们必须先弄清楚。

社交是指人们在社会生活中相互交流和互动的行为。社交是人类的基本需求之一，通过社交，人们可以建立关系、分享经验、交流情感，并获得支持和理解。在现代社会中，社交的形态和方式多种多样，包括面对面的交流、打电话、发短信、使用社交媒体等。在社交中，人们需要注意一些基本的礼仪和规则，尊重他人的隐私和权利，以建立良好的人际关系。目前，具有社交作用的网络媒体常常被称为社交媒体或者社会化媒体。

针对新媒体与社会化媒体的研究成果很多，并且社会化媒体研究相较于新媒体研究，分布范围较广，涉及领域学科较多。国内外学者们对这两个概念的分析和鉴别也有很多研究。有的学者充分地从各个角度阐释了社会化媒体的内涵，突出其参与、公开、交流、对话、社区、流通等多方面明显特性，并认为这些社会化媒体的特征元素在新媒体理论中早已出现。因此认为，社会化媒体概念是新媒体概念"旧酒装新瓶"。因此，社会化媒体往往被认为是新媒体理论深入细化后的衍生部分，较多集中在研究媒体社会化参与销售、管理等企业经营活动理论框架的搭建上，而不是严格意义上的新理论。

与之相反，国内的许多研究基于中国新媒体与社会化媒体的发展历程和逻辑关系展开，认为新媒体是社会化媒体基础上进化的结果，而自媒体是新媒体的一个重要部分。社会化媒体实际上是社交网络的延伸，本质是社会化交流互动，是现代社会文化的重要组成部分。

本书认为社会化媒体是新媒体的重要组成部分，新媒体的内涵更丰富、外延更大，且二者都是不断进步发展的概念。在现阶段二者的内涵与外延接近，都是对基于现代通信技术和网络的，具有互动性的、由用户提供内容的这种与传统媒体相区别的媒体形式的命名。甚至有人认为这是从不同角度和方向上对同一新生事物的描述，因出发点不同，关注点自然也有差别。

但笔者认为这是不成立的，因为二者的根本特征不一致。社会化媒体更多关注它的互动性和内容由用户提供，即人与人的互动，并由参与的人提供内容是其根本特征。而新媒体更注重与传统媒体之间的继承关系和对比，即在传播方式上具有互动性，并且由参与者提供内容是其根本特征。而二者的根本特征也决定了二者的区别必然逐步加大。随着大数据技术的发展，智慧科技的进步，必然产生这样的改变趋势：社会化媒体技术更加先进、人与人的社交方式更加完善。而人机互动却使新媒体在内涵和外延上超越社交媒体，具有更大的扩展，如自动识别技术、人工智能技术、蓝牙技术、基于位置的服务技术、大数据智能技术等新的科技，让"智慧人机对话"成为可能，人机互动自然会成为新媒体内容来源，这使新媒体内涵和外延得以发展。而这一发展却不是社会化媒体所具有的人与人互动的特征。当前二者的差异还有如下表现：

首先，新媒体过多地强调技术基础，范围很广，涵盖人与机器全部对象，而社会化媒体则不然，更多地是强调人作为主角。从内容创造到关系连接，社会化媒体的受众不再是简单的互动，而是带有情感的相互作用，企业已经可以通过情境感知与信息服务相适配，把握社交用户个性需求，洞察媒体受众行为选择，实现社会化媒体的多场景、有情感互动营销。依据自身需求和个人兴趣倾向连接特性相似、需要相近的社会公众，偏好信息生产的实时连续，注重内容加工的准确精练，强调自身创造、自我表达、自发传播。这种参与型的情绪感官是社会化媒体不能完全等同于新媒体的重要标志。

其次，新媒体的媒体经济强调的是一种多面取向的意义经济。但是在社会化媒体的营销模式下，独立个体依靠人际互动弱关联聚合关系，提炼出的关系数据深入转化为重要资源，通过集成传递表现为商业化的关系价值。

综上所述，二者是有区别的两个不同概念，且差别会越来越大，新媒体的概念相对更大，社会化媒体是新媒体的重要组成部分。

第三节　社会化营销的优势与发展过程

仅仅从中国智能手机市场的发展规模就可以轻易看出我国移动互联网的使用人数众多，公众对社会化媒体的认识及使用也随之发展，据中国互联网络信息中心（CNNIC）发布的第 54 次《中国互联网发展状况统计报告》，我国网民规模近 11 亿人，他们对社会化媒体的使用率非常高。即时通信、网络视频、短视频用户规模居前三，这说明在我国的互联网应用中，对社会化媒体的使用基本已经达到普及的状态。社会化媒体在人们生活中所发挥的作用也越来越大，在这种新形势下，越来越多的企业认识到社会化营销的重要性。其最基本的优势有三个：

一是投入产出比高。在电子商务迅速发展的背景下，越来越多的企业以及个体户加入了社交媒体营销的阵营中，从而促进了社交媒体营销的发展。采用这一平台来实现营销，只需要针对产品进行文字描述并配备相应的图片以及视频就能够实现，且基于社交媒体平台的用户较为广泛，因此相应的宣传营销效果较好并且所需成本投入较低。

二是进入门槛低。在社交媒体平台这一营销模式下，能够通过直接发布以及推广链接的方式来获取关注，在此基础上，针对消费者进行直接的营销推广，进而为提升产品的知名度与影响力奠定基础。

三是及时方便。当今的市场营销中，增强信息动态获取的时效性能够为企业抢占市场先机提供保障，而通过社交媒体营销平台可以促进企业与消费者之间的沟通和交流，为企业更好地了解消费者需求、实现营销方案与达到产品开发的定位提供必要的信息基础。与此同时，通过消费者的评论与反馈意见，企业能够及时针对产品进行创新与完善，以及实现营销方案的进一步改进，以迎合消费者的实际心理需求，实现精准营销，为提升自身的市场竞争力提供保障。

这三个最基本的优势给企业带来了新的发展机遇，同时也注定了社会化营销成为中小企业营销的新战场。中国人口众多，而网络则为人们找到了新的社交方式，并迅速普及，也为中国的中小企业的社会化营销奠定了最坚实的基础。

而在腾讯 QQ 刚刚兴起的时候，绝大多数的企业还没有预测到社会化营销的趋势，但很多先行者已经开始了社会化营销的尝试。中国的社会化营销最早是利用 QQ 群来实现的，其后逐步走过了以博客、微博微信、短视频与直播为主的各个时代，直到今天社会化营销已经进入普及时代。社会化营销进入中小企业的营销领域按时间节点划分为五个阶段：

第一，萌芽阶段。这一时期主要是在腾讯 QQ 成为中国用户最多的即时社交软件之后，腾讯 QQ 的"一枝独秀"，引起了许多企业的重视。企业敏锐觉察到这一工具在营销中的作用，开始将其作为一种营销工具进行使用，包括腾讯 QQ 群、腾讯 QQ 空间等应用。

第二，探索阶段。在腾讯 QQ、新浪博客流行后，大量企业意识到了社会化营销的巨大潜力，并有专业团队开始探索这一领域，而社会化营销自身也逐步度过了烧钱融资阶段，开始寻找盈利模式，于是社会化营销的各种探索大量出现，例如，腾讯推出"腾讯企业 QQ"，各种利用社会化营销工具进行专业网络推广的业务不断涌现，一些新的网络营销理论也开始出现。

第三，完善阶段。进入微博营销、百度社群营销成熟的新时代，社会化营销进入完善阶段。特别是微信体系的完善进步，让百度系、腾讯系、阿里系及社会服务系的营销日趋完善。

第四，产业化阶段。大量的社会化营销专业外包公司出现，网红批量生产。猪八戒网的出现，标志着社会化营销进入产业化阶段，专业的产业链形成，外包分解、分工细化，以电销为目的的网红的出现，则更明确地把社会化营销的目标展示出来。

第五，企业自营阶段。一切外包都基于企业把非核心的劳务对外承包，但很快企业家们就认识到，社会化营销是一项企业在"互联网+"时代的核心业务，而不是一项靠外包就可以就完成得好的体系外业务。于是真正认识到其重要性的企业纷纷建立自己的社会化营销体系并与电商业务结合，其成为企业开展 O2O 业务的主要线上通道。

第四节　中小企业社会化营销需求

在新的环境下，作为社会主义市场经济的重要组成部分的中小企业，更是面临着前所未有的机遇与挑战。在社会化媒体的时代，社会化媒体平台信息的聚集性，用户的高参与性、互动沟通性，使曾经受到资金、规模等因素制约的中小企业，有了精准投放信息、节约营销成本的渠道。据中小企业转型标准和第二次经济普查数据的测算，在科技创新项目上中小企业更是起到主力军的作用。所以，在网络技术高速发展的环境下中小企业更应该积极发挥自身优势，合理利用各种有利因素，促进自身发展。

随着中国的高速发展，我国中小企业运用社会化媒体进行营销的网络技术基础良好。《中国中小企业数字化转型报告2024》指出，绝大多数中小企业（98.8%）已经开启数字化转型，仅有极少数中小企业（1.2%）尚未开始。其中处于数字化早期的中小企业占比62.6%，数字化水平较高、由智能驱动的中小企业占比仅为3.2%。互联网已经超过报纸、杂志等传统媒体成为中小企业开展营销活动的首要渠道选择。相对大企业而言，社会化媒体使中小企业在营销渠道和品牌传播的途径方面有了新的选择机会，社会化媒体的高速发展更是为中小企业提供了良好的营销平台。目前，我国中小企业对社会化媒体的应用率很高，几乎达到普及的状态，以即时聊天和电子商务平台为代表的社会化媒体的使用率已经超过50%。这些社会化媒体的营销方式以其价格低，技术要求低，精准度高，见效快的特点受到中小企业的青睐。

社会化媒体信息的广泛性，对企业有效选择社会化营销方式做出了考验。如何在社会化媒体广泛应用的背景下，在多如牛毛的客户信息中寻找更精准的信息传播方式与传播渠道，进而得到高回报的沟通方式，是企业传播自身品牌价值，达成营销目标的关键所在。

对企业而言，六度分割理论是社会化营销的依据。所谓互动，既可以传播品牌正面的声音，也可以快速传播负面的声音，这种传播就如同海浪一样一波一波持续不断。因此在社会化媒体泛滥的形势下，占据我国企业总量超过92%的中小企业[①]，研究如何利用自身优势在社会化媒体环境下，准确传播价值，进行精准营销，从而增强精准用户黏性，产生购买动机具有重要意义。

同时，社会化媒体使企业更加具有活力，更加人性化。官方社会化媒体与用户的沟通，使企业有机会向粉丝提供尽可能多的支持和鼓励，还可以利用社会化媒体来招聘，向潜在雇员介绍企业，鼓励和激励年轻人，与

---

① 数据来源：《2023年度中小企业发展环境评估报告》。

他们交谈并回答问题，还可参与工作职位的评价和投票等，企业需要充分认识到，社会化媒体活动具有系统性和整体性，且是不断循环的情感联络贯穿起来的。企业不能把社会化媒体看作一个线性的或者点状的、一次性的或者阶段性的活动。企业必须具备社会化媒体的基础运营能力，才有可能开展这些活动。

中小企业开展社会化营销，在笔者看来，可以给企业带来至少五个惊喜。

第一个惊喜：便利与及时。因为顾客大多进行的是日常生活消费，所以很适合在微博上快速查询实时信息。通过这种方式，顾客不必过多地比较，可快速决策，快速实现交易，从而节省了宝贵的时间，并且真正地解决事情。面对面的服务能拉近与顾客的距离，方便顾客的参与，适时与顾客实时互动。这种服务比网络直销的信任度高。

第二个惊喜：关注与黏性。从已经公布的各种电子商务网站的流量来源来看，社会化媒体所占的比例在直线上升，甚至已经有海外电商网站声称，社会化媒体给其网店带来的流量首次超过搜索引擎带来的流量。研究发现，有效的社会化营销能给企业带来巨大的流量。

第三个惊喜：情感与互动。从心理学的角度来看，人们总是有一种非理性的思维习惯，即如果他们发现自己获得某种幸福感，主观上就会认为别人也有同样的感觉。所以，为了体现自己参与过的或者付出劳动的东西有价值，他们会主动地传播上述感受，以获得自我荣誉感，并使别人对产品产生强烈的认同感。这一切使企业的形象得到一次又一次的强化。互动也变得丰富多彩，更能表达出企业的多面性。

第四个惊喜：发展与传承。这种营销模式，只是在原来的营销方式上的扩充，不会造成影响。而且，它只需要很少的资源，转换到社会化营销的成本很低。社会化营销模式和其他营销方式配合，能换得更多的流量和品牌价值。

第五个惊喜：跨界与整合。营销的重组与再造，像餐饮、美容护理、家政服务、汽车租赁领域的企业本身带有着本地化的色彩，营销打破地区界限的成本是很大的。立足于本地化和实用化开展的社会化营销则很容易实现跨界整合，如"农产品+旅游服装""家居馆+咖啡厅"。

伴随着互联网的发展，社会从工业时代进入了信息时代。人们的消费习惯也在不断发生着变化。有时候笔者不禁在想，如果我们每天的媒体接触习惯变成了微博、微信、抖音、快手等，那传统的报纸、电视媒体又该怎么办？如果我们买衣服、鞋帽、化妆品去拼多多、唯品会、淘宝等，那么商场还能经营得下去吗？一系列的相关数据表明，在服装行业、零售行业、生产制造业，许多品牌门店纷纷关闭，甚至不少工厂濒临倒闭。似乎传统企业互联网化，是未来商业浪潮的主旋律。企业营销因此不得不向社会化营销发展，但在实施中应注意坚持以下三个原则。

第一，选择原则。每家企业都有自身独特的品牌文化，企业性质也存在着差异，产品功能也不一样，所以，企业在社交媒体营销中要能根据自身实际情况选择适合于自己的社交媒体和产品目标群体。比如，随着我国经济的发展，人们的生活水平和生活质量都有了极大提高，汽车逐渐成为人们生活和工作中的代步工具，需求不断增大，在众多的汽车品牌中如何选择，人们大多以身边朋友的用车体验作为参考，通过他人分享的对用车品质与性能的评价作出自己的购买选择。所以，对于这类产品的社交媒体营销就要选择消费者云集的社会化媒体，且不用计较眼前效果，重点是要积极利用各种社交网络平台的优势以获得更多关注群体，通过对各项有价值信息的总结，为后期实现产品的有效宣传与推广奠定基础，可以选择微博、微信等平台。而如果是做一家普通餐饮店，则要选择比较有针对性的社会化平台，以尽快起到营销作用，因此选择美团会更有效。例如，黑龙江的一家旅游饭店"最东北民俗风情饭店"开业时选择了微博和大众点评，这就是具有针对性的选择。

另外，还要注重目标消费者的定位与选择。不同的性别、年龄对不同的社交媒体的选择和分享习惯也是不同的。

第二，原创原则。企业进行社交媒体营销不但要选择合适的社交媒体平台，还要在社交媒体上创建并发布一些有创意、有新意的内容，激发用户转发以及评论的欲望。在当前社交网络发达的信息时代，只有新鲜的、独特的事物才能够从同一时间发布的众多内容中脱颖而出。但是我们也要注意原创内容与题材的合理设计，引人注目不等于就是好的，只有真正引起共鸣的内容才会打动消费者的心。本书案例中的"忆田上服饰"的企业故事就是通过企业创始人的真实励志故事连载，获得了用户认可，圈粉无数。竞争是企业发展的必要动力，优胜劣汰是现代社会正当、合理竞争的必然结果，所以，企业在社交媒体营销过程中也要采取正当的竞争手段，社交网络时代的传播更应该注意道德与法律的界限，因其造成的负面影响对企业来说是难以挽回的。如何通过优质的文案创意与新颖的形式获得受众的认同与支持，这值得企业去探索与探究，而不是以非法途径获得。

第三，情感原则。社会化营销是建立在人与人之间的关系上，而不是单纯的商业目的上，例如本书第五章"莲素空间"餐饮品牌案例中人们对素食的情感。社交媒体营销的最终落脚点在于如何建立人与人、人与社区、人与社会、社会与社会之间的关系。网络化人际关系的构建是大数据时代社交媒体营销的运作核心，或许我们会在地铁上遇见某些创业人员在车厢里不断询问乘客，提出加微信的请求，这也是构筑关系网的一种基本方法。建立与消费者的紧密联系，实现和维护消费者对企业品牌的信任，要在社交媒体平台上发布的内容必须具有真实性，要树立自己良好的企业形象，以达到吸引消费者关注自身产品和品牌的目的，提升企业社交媒体营销的效果。另外，企业商家也要重视社交媒体评价中的负面评价，懂得如何危机营销与危机公关，须多听取消费者的意见和建议，加强对自身的改进工作。

总之，对中小企业来说，既要充分利用互联网的优势，也要积极应对挑战，不断改进和优化自身的经营策略。中小企业需要不断创新和提高自身的技术水平、建立强大的品牌、提升客户体验、开拓全球视野和加强人才培养，以应对市场的变化和挑战，实现可持续发展。同时社会化营销建立了一种创新机制，给"草根"成员提供了实现自己价值的渠道，企业的创意也不再仅仅依靠专家、企业家的灵感，更有与用户及潜在用户互动产生的思想火花，从而创造出适合用户的产品。在网络虚拟社区中，相同兴趣的人聚集起来，相互讨论，再爆发出智慧的火花，如同头脑风暴一般，为社会创造出价值。这样就形成了一个开放的系统，有利于信息的交流，有利于知识的积累和创造。

第二章　产教融合视域下
中小企业社会化营销

近年来，教育教学改革工作开展得如火如荼，高职院校作为高等院校的一员，肩负着为社会输送技术人才的重要职责。"产教结合、校企合作"符合高职现代化教学的新特点，能够实现理论与实践的有机结合，为学生提供实操机会，帮助他们更好地进行择业。而中小旅游企业开展社会化营销，并非一蹴而就，它们在过程中普遍存在着专业人力资源短缺、社会化营销体系原创和运营成本高、内容缺乏创意和运营水准低等问题。因此，笔者在教学以及研究过程中，基于将教学融入企业的旅游社会化营销工作的目的，组织学生参与旅游市场社会化营销生产性实训，在企业社会化营销活动的真实运营与在校学生实习实践之间搭建缓冲区和衔接桥梁，合作完成旅游企业的社会化营销体系建设。本章内容主要为产教融合视域下部分中小企业开展社会化营销的经验所得以及一些教学案例展示。

由于大、中、小企业的知名度差别很大，在社会化营销业务中的投入也不同。本书将重点研究中小企业的社会化营销。在历时十年的针对不同中小企业进行观察和合作实践中，笔者总结出了一个中小企业建立比较完整的社会化营销体系的基本原则——"123原则"。它主要给出了要建立一个完整的社会化营销体系需要的内容：

其中的"1"是指建立一个核心，即要完善创作以企业文化为核心的表达内容，这一核心涵盖了文字、图形、视频等多种表达方式。在实际操作中，我们需要规范这些表达方式，确保它们能够准确、生动地传达企业文化。具体来说，我们要关注以下三个方面：

第一，规范文字表达内容：企业应确保发布的文字信息准确无误、通俗易懂，同时注重文字的创意和吸引力，以激发用户的阅读兴趣。

第二，规范图形表达方式。企业应运用各种图形设计工具，如图片、图表、插画等，来直观、生动地展示企业文化。要注意图形的审美和创意，使之具有较高的观赏价值和分享价值。

第三，规范有关视频的表达场景和内容。企业应充分利用视频这一传播渠道，通过讲述企业故事、展示产品特点、分享成功案例等方式，让企业文化深入人心。同时，企业应注重视频的拍摄、剪辑技巧，提高视频的质量和优化观看体验。

其中的"2"是指开展两个基本建设，即首先要做好本企业社会化营销团队的建设，要建设专业的团队而不是让人简单地发几篇文章了事；其次要做好社会化媒体工具建设，保证账号安全、账号形象维护和账号矩阵的完善。

第一，社会化营销团队建设。企业需要打造一支专业的专兼职的社会化营销团队，而非仅仅发布几篇文章了事。这支团队应具备以下能力：①深入了解市场需求和行业动态，制定有针对性的营销策略；②擅长运用各种社会化媒体平台，拓展企业影响力；③具备良好的沟通协调能力，确保团队高效运转。

第二，社会化媒体工具建设。企业需关注账号安全、账号形象维护和账号矩阵的完善，以确保社会化媒体营销的顺利进行。具体措施包括：①加强账号安全管理，防止恶意攻击和信息泄露；②维护账号形象，发布高质量、有价值的内容，提升用户关注度和好感度；③构建多元化的账号矩阵，涵盖各个业务领域，满足不同用户群体的需求。

其中的"3"，就是要在实施过程中至少做好三种设计并通过运营做好落实，即社会化媒体内容原创的设计与制作；O2O（线上到线下）活动方式的设计与实现；不同的内容传播途径与方式的设计与实施。具体来说：

第一，社会化媒体内容原创设计与制作。团队应充分发挥创意，制作具有吸引力的原创内容，以提高企业在社会化媒体上的活跃度和关注度。

第二，O2O活动方式设计与实现。企业可通过举办线上线下相结合的活动，提升用户参与度和口碑传播效果。例如，①线上活动（举办答题、抽奖、互动游戏等，吸引用户参与）；②线下活动（开展产品体验、讲座、展览等活动，拉近企业与消费者之间的距离）；③不同内容传播途径与方式设计与实施（企业需根据内容特点和目标受众，选择合适的传播途径和方式）。例如，针对不同年龄段、兴趣爱好的人群，制定个性化的传播策略；利用大数据分析，了解用户需求和行为，优化内容推送；与其他企业、意见领袖合作，实现内容共享和传播。

总之，企业要想在社会化营销领域取得成功，必须紧紧围绕企业文化核心，加强团队建设和媒体工具建设，同时关注内容设计与传播。只有这样，才能在激烈的市场竞争中脱颖而出，赢得消费者的认可和支持。

第一节　中小企业的传统媒体营销和社会化媒体营销

一、中小企业的传统媒体营销

在传统媒体环境下的营销模式中，中小企业往往处于被动地位，缺乏自主创新和话语权。各种媒体巨头如电视、广播、纸质和户外媒体等，掌握着企业营销的主动权。中小企业在营销活动中，往往受限于媒体的策划和推广方式，无法真正实现自身的营销目标和理念。具体体现在以下四个方面：

首先，电视媒体作为传统营销的主要渠道之一，曾经具有极高的受众覆盖率和影响力。然而，电视广告的播放时间、内容和形式都受到严格限制，企业在广告创意和传播效果上很难有所突破。此外，电视媒体过于注重短期效应，对企业品牌形象的长期建设不利。

其次，广播媒体在传统营销中同样占据一定地位，但由于广播媒体传播范围有限，受众群体相对固定，中小企业难以实现广泛宣传和精准定位。而且，广播广告的表现形式单一，很难引起听众的注意和兴趣，营销效果不尽如人意。

再次，纸质媒体虽然在传播范围和受众群体上具有优势，但受限于版面、发行周期等因素，中小企业广告的曝光度和时效性相对较低。此外，纸质媒体的内容和形式较为固定，企业难以根据自身需求进行个性化营销。

最后，户外媒体如公交广告、灯箱广告等，具有一定的可视性和传播效果，但户外媒体同样受到地理位置、环境因素等制约，且形式较为单一，难以实现精准营销和品牌塑造。

总之，在传统营销方式中，中小企业面临着诸多困境，没有主动权。随着互联网的普及和新媒体的崛起，中小企业开始寻求线上线下相结合的多元化营销手段，打破了传统媒体的束缚，实现了营销活动的自主创新和高效传播。当然，在这个过程中中小企业需要不断探索和实践，以适应市场变化和消费者需求，提升品牌影响力和竞争力。

二、中小企业的社会化媒体营销

社会化媒体的出现，使中小企业的自主空间越来越大，让其越来越有话语权，不用再受制于媒体。中小企业的社会化媒体建设，其根本目的是实现其商业目的，而实现这一目的的核心设计，应该是企业的文化。电商最基本的过程就是通过互联网，展示商品，寻找用户，完成交易。但更完美的电商是通过互联网，在展示商品的文化与品质的同时，形成深刻的印象和价值、文化、心理、感情等方面认同，从而引导消费者忠诚度提高，进而反复消费，并主动传播，通过口碑和评价影响更多的消费者参与商务过程。

中小企业以社会化媒体为核心载体，例如：微信公众平台与手机端网站组合，建设自己的企业文化和互动机制，形成有忠诚度的用户群，实现可持续的线上线下互动的商务活动，增强用户体验和黏性，实现企业文化与产品信息的传播，形成忠实客户群和用户间传播。

社会化媒体的内涵建设是最值得企业重视的方面。随着网络文化的不断发展，其内容已经从日常生活走向了更加文明、更加深刻的阶段。以企业文化为核心的社会化媒体内涵建设是中小企业的必然发展方向，尤其随着人们的物质生活水平的提升，人生智慧和文化之美的内容更受欢迎。

企业社会化媒体的内涵建设是在企业实际基础上，结合营销设计中的需求，确定其企业文化的基本内容。其包括各种表达方式：文字表达、视觉识别表达、音乐、视频表达等。相关工作团队要先对企业文化进行深度解析和创作，再完成基本的企业文化内涵构建，同时也要完成网络营销基本内容的建设。

下面笔者以自己参与的大农网社会化营销体系建设为例[①]。笔者在大农网的实践很清晰地验证了企业文化建设的重要性。根据企业实际，笔者结合历史与现实中农垦的自身特点，把大农网的主要企业文化创建为"一种精神，两个支点，三块基石"。

---

① 大农网创办于 2015 年 8 月，是黑龙江省大农电子商务有限责任公司运营管理的集大宗粮食贸易、农资贸易、农副精品贸易、农政资讯、农业金融及农业特色产业打造等一系列服务于一体的互联网服务平台。

一种精神：核心是"大农精神"。"大农精神"是新一代农场人肩负食品安全责任，专注绿色生活品质，勇于开拓创新思想的融合体现。它是新一代农场人的开拓创新，使命担当，家国情怀的内涵统称。大农，有博大的，新的农业思想的含义。

两个支点：大农网企业价值观和企业宗旨。企业价值观包括安全、绿色、责任、开拓。企业宗旨包括心怀天下粮仓、守望绿色天然。

三块基石：大农网企业文化的三个来源。三个文化来源分别是北大荒文化、渔樵文化、匠人文化。企业文化是一个企业营销中最核心的内容之一，通过软文完成企业文化的传播，不局限于任何网络载体，一篇原创文章可以借助多种渠道如微博、微信、论坛等，形成多路径有效传播，建设自己的企业文化和互动机制，形成有忠诚度的用户群，事半功倍。

大农网通过三种文化溯源，深刻地表述了企业文化，具体如下：

（1）北大荒文化。

人类在与自然的斗争中，拓荒，是最具革命意义的文化。开天辟地，创造一切。从渔猎时代进入农耕时代是人类进步最关键的一步，从此拓荒文化延续几千年，是人类最伟大的财富。

在中国，一个古老的农耕国家，拓荒文化源远流长。从男耕女织的进步，到闯关东的无奈；从北大荒的开发奇迹，到深圳的崛起，到处都闪耀着拓荒文化的光芒。

在现代的中国，拓荒文化最具代表性的群体就有两个：北大荒的十万转业官兵和深圳特区的建设者们！

他们像拓荒牛一样，任劳任怨，无私奉献，勇于开拓，创新进取，缔造了中国南北两个经济奇迹。

今天的农场人，正在粮食安全、农业现代化、农业电商等各个方向，再次出发，所向披靡。

（2）渔樵文化。

在中国传统文化中，渔樵情结由来已久。在春秋战国时期，姜太公怀才不遇，垂钓渭水，得遇明主，辅佐文王灭商兴周；《庄子·渔父》里出现了令孔夫子"曲要磬折，言拜而应"的渔父形象；可以和屈原贵族式地对话，唱出"沧浪之水清兮，可以濯吾缨；沧浪之水浊兮，可以濯吾足"的渔夫，也不是普通人。

三国时期的诸葛亮出仕之前躬耕陇亩，隐居隆中；东晋田园诗人陶渊明，因社会动乱，躬耕自资，寄意田园，"采菊东篱下，悠然见南山"开创了渔樵耕读传统的新的意境。

唐宋诗文中也有许多渔樵形象出现，如北宋哲学家邵雍的《渔樵问对》将渔父作为"道"的化身，诠释天地、万物、人事、社会的玄理。

元朝一些不做官的读书人，隐居于江湖，以钓鱼、砍柴、耕种为生。这些渔夫、樵夫、农夫，都是不同凡响的人。

"渔樵耕读"是中国农耕社会的"四业"，也是民间的基本生活方式。文人士大夫向往这种田园生活和淡泊人生境界，其更深层的意向是出世问玄，充满超脱的意味。而"渔樵耕读"主题通常出现于绘画、雕刻、刺绣、陶瓷等艺术中，在陶瓷上大规模出现是在清代康熙年间，至光绪年间盛行。文人和士大夫追求的是得道和超脱的意境，普通士民阶层的"渔樵耕读"情结，更多的是因"有余""多薪""有粮""出仕"这些吉祥的寓意。

20世纪五六十年代，为了响应党和国家"开发北大荒"的号召，大批人怀着建设边疆的豪情来到了这里，他们创建了大批的国营农场，把人迹罕至的北大荒建设成了丰饶秀丽的"北大仓"。如今的"北大仓"，经过三代人的艰苦开拓，早已成为中国知名的商品粮种植生产基地。

"渔樵耕读"是中华传统文化中的一个符号，现代人追寻的，应该是回归自然的田园意境，追求绿色健康的生命本质。老子的《道德经》里说："人法地，地法天，天法道，道法自然。"人与自然和谐共生才是我们今天的生活主题。

"渔樵耕读"是一种传统的田园生活，更是一种现代人的追求。今天的北大荒人，用几代人的责任心和汗水，守护了现代人生活中的食品安全和绿色梦想，这正是升华了的现代"渔樵精神"，也是大农网人企业文化的重要来源。

（3）匠人文化。

传统的匠人文化酝酿于手工时代，由于生产的产品品质与制作者的态度和精神息息相关，那个时代的匠人们拥有极强的自尊心，工作做得好坏，和自己人格的荣辱直接相关。正因如此，他们对自己的工作极度认真。对于如何使手艺达到熟练精巧，他们有着超乎寻常甚至可以说近于神经质的艺术般的追求。他们对自己每一个产品、作品都力求尽善尽美，并以自己的优秀作品而自豪和骄傲。对自己的工作不负责任，任凭质量不好的产品流通到市面上，会被看成匠人之耻。

匠人文化不是一个狭窄的范畴，而是囊括社会生活各个方面的职业操守和负责态度。建筑界需要匠人文化，制造业需要匠人文化，食品业更需要匠人文化，没有匠人文化精神的社会是不堪设想的。

在快餐文化盛行的今天，一些当代年轻人对匠人文化不屑一顾，认为这是不能满足自己现实需要的愚蠢做法。其实这种观点是何等浅薄，去农场里，看看现代匠人文化的传承和发展，才懂得什么是生活！

第二节　社会化营销中企业文化表达设计案例与分析

企业文化是一个企业营销的核心内容，通过软文完成企业文化的传播，不局限于任何网络载体，一个原创可以借助多种渠道如微博、微信、论坛等，形成多路径有效传播，事半功倍。

下面仍以大农网为例。大农网的社会化营销从三种企业文化溯源的角度展开。以北大荒文化、渔樵文化和匠人文化为基础来铺设企业文化内涵，增强品牌的传播性。

一、企业文化表达文案

案例一　农场里，匠人心

《寿司之神》是大卫·贾柏拍摄的关于全球最年长的三星大厨小野二郎的纪录片。它描述了一家"值得用一生去排队"的餐厅，铺面很小，不到十座，除了麦茶和热毛巾，只提供寿司，却两度被誉为"美食圣经"的《米其林指南》评为三星，这是全球餐厅的最高荣誉。在影片当中，小野二郎说："我一直重复做同样的事情以求精进，我总是向往能有所进步，我会继续向上，努力达到巅峰，但没人知道巅峰在哪里。"小野二郎的长子说，我们使用的技术并非不传之秘，我们只是每天不断重复努力。

追求技艺的完美，对细节一丝不苟，在重复中精益求精，此即日本传统文化推崇的"职人"精神。"职人"，社会身份是手艺人，但它同时也是个精神身份，意味着一种成就、修养和品格。无独有偶，这让我想起了北大荒人。

一粒谷物，从播种到收获是一个漫长的等待过程，其中耕耘的艰辛旁人无法体会，但我们必须记住：我们的生命就从这里开始。

农场里，传统古法耕作与现代科学种植完美地融合，体现着人类文明对自然天地充满着崇高的敬意。现代化的科学管理，先进的种植技术，一百多个日日夜夜的精心照料，只为呈上健康放心的粮食作物。

让我感叹的是，农场人这种对待劳动的认真和严苛的自律，不仅是市场和竞争的需要，更是"匠人"内在的生命追求，是精神驱动和自我修行的结果，他们执行的是自己的尺度，而任何一丝松懈或作弊，都会让其失去骄傲。

沉淀千年，也许我们才明白，因地制宜、适地适种的道理。粮食与人一样，一方水土，蕴一方滋味。简单又不简单的味道，演化自种植者与大自然彼此探寻的过程。

这是典型的东方智慧，亦符合中国心学倡导的"格物致知""知行合一"，只是更世俗化和事务化了些。这是一种带温度的商业。其实，和小野二郎一样，农场人在自己的领域亦是行家、权威，亦是有理想主义倾向的人，他们知鱼懂米、惜物识人，除了追逐利润，他们有额外的准则和希冀，他们重视自己的合作伙伴，惦念着物的前途和归宿，他们追求完美的流程。

用修行的方式对待自己的劳动，追求平淡里的深味、简易中的精致、清素下的高贵，这是敬业、敬物、敬人，也是敬天地、敬生命、敬自我。

正因为这种人和人格，这种行为风格才不是孤立的，它才有生存和繁衍的可能。所以，农场人并不孤单，他在一个群体之中，而这个群体在追求一种内容和气质相近的生活：专注、执着、严谨、诚实、身心并赴、内心充满安宁和纯粹的喜悦……

我尊敬这样的人们。

案例二 一路向北

毕业旅行，我回到家乡黑龙江，沿着边境自驾，一路向北，从伊春原始森林到中国恐龙之乡嘉荫，过逊克、黑河、呼玛……一直到中国北极漠河。

家在黑龙江，我却很少仔细体会传说中的北大荒。彼时，北大荒还不是现在这样的北大荒，是山海经中的肃慎国的大荒北，是唐、五代的渤海国，是元、明、清的黑水之城。这片黑土地看过多种民族文化的交替，经历过刀锋战火的洗礼，有过民族的觉醒，也有过前进时的迷茫。它荒凉孤寂了千百年，也积蓄了千百年的营养与力量，直到第一批农垦人的到来，让这片荒凉已久的土地开始向我们展示她的丰饶美丽。

越野车艰难地沿着边境前行，想象不出当年的无数的军人、知青前仆后继地奔向了这片亘古千里的荒原，是怎样的艰苦。

"奔向北大荒"，在那个年代里，是多么有号召力的一句话，时间荏苒，北大荒经过无数农垦人的开拓与灌溉成了北大仓，成了中国重要的商品粮基地和粮食战略后备基地。

此时的北大荒，是名副其实的北大荒。一路向北，就是要看一看先辈挥洒汗水青春的地方；奔向北大荒，摸一摸黑土地独一无二的馈赠；奔向北大荒，闻一闻数百亩的稻花香甜。

从漠河南下归来，加格达奇与嫩江交界处，渐渐走出原始森林，山越来越低矮，树越来越稀少直到看到大片的农田！从挡风玻璃看着景色的变化，就像看着一部充满哲理的大片，走出浩瀚林海的原始和孤独，接近着用智慧和劳动创造的农业文明，七彩的田野写满成就与梦想！打开车窗，有风来自远古，雄浑有力。我忽然想起徐志摩的《我不知道风是在哪一个方向吹》，也许，北大荒人一直都知道，只是在等风来。

毕业了，我想去农场里等你。

案例三　匠人时代

新一代苹果手机即将上市，苹果官网已经发布了其具备的功能，一些身边的好朋友跃跃欲试。和这些爱好数码的朋友相比，我算得上是一个"原始人"。除了工作很少使用电子产品，我有时甚至与现代生活刻意保持一定距离。

因为工作的关系，我最近恰好在读赵大伟的《互联网思维》，其中一章说：互联网思维之极致思维体现的就是一种匠人精神，做产品的专注和追求极致，这种精神首先是产品经理这个角色要具备的，能够为实现目标而狠逼自己，要有"铁人"的意志和偏执狂的热情，在资源、目标、时间等多个维度达到极致的平衡，最终不断地创造极致产品。我想，乔布斯就是匠人的一个典范吧，乔布斯对产品的专注和追求极致的精神将苹果带向了成功。

在时代的快速变化中，匠人精神越来越成为一种逝去的精神。而如今越来越多的中国人看重品质，讲究工艺，愿意为喜爱的东西买单，现在可能是作一个中国匠人最好的时代。

现代的中国匠人会是怎样的模样呢？像《陶庵梦忆》里描写的或痴或癖，奇技淫巧？我觉得不是。只要是专心做自己喜欢做的事，或做老木地板，或讲插花课，甚至是作编辑、作家，都是匠人。

在匠人精神中，匠人热爱他们制作的作品。倾注了感情和服务的作品对他们的意义远高于商品本身。匠人对手艺工艺技术科技陶醉热爱并精益求精。

都说光阴如流水，我觉得时间中有一部分不会流逝，它会在人身上长久留存，这或许就是匠人的秘密。

案例四 空谷幽兰

机缘巧合，我认识了农场人这样一个群体。经过几个月的接触后，我竟然想起以前用了很多耐心才看完的一本书。书里大都是描述随着作者足迹的深入，同隐士切身交往的生活。

当今的隐士实在不多，他们大多常年在山上居住，过最简单的生活，自己种蔬菜，吃松树的松针和花粉，遵守严格的纪律。然而展现在眼前的，并非我想象中的云中松下的理想生活。隐士的生活里并不是没有任何缺陷。他们承担沉重的孤独与贫寒，无所事事，有的疾病缠身，平静地等待死亡降临。

有人说，道教徒和佛教徒寻求的是不变的东西。隐士们过着各自不同的生活，但唯一相同的是，他们拥有纯粹和坚定的信念，那就是坚持和相信自己的修行。

倘若说修行，是自己对自己的要求。但如果对自己不作要求，人生便会一无所获。农场里的人们，让我再一次相信了这一点。

他们用修行的方式对待自己的劳动，追求平淡里的深味、简易中的精致、清素下的高贵。他们知鱼懂米、惜物识人，除了追逐利润，他们有额外的准则和希翼，他们重视自己的合作伙伴，惦念着物的归宿，他们追求完美的流程。

书，读过了便可算作旧书，但书中百味却常常随着阅历增长而不断翻新。我喜欢的作家这样为那本书作序：对于城市中的人来说，置身滚滚红尘浪滔天，每天面对无数欲望颠沛，若能保持至此修行的坚韧，遵循品德和良知，洁净恩慈，并以此化成心里一朵清香简单的兰花，即使不置身于某处僻静山谷，也能自留出一片清净天地。

案例五　怀念有诗的日子

读诗北大荒。你听：我要说/辽阔而肥沃的黑土地/有你的热血在春夏流淌/高耸云天的粮仓里/有你的汗水金黄色的芳香/北大荒的辉煌记忆中/有你的足迹/清晰而历久弥新/在时代的史册中/像装点山河的野花一样绽放。

我要说/你对幸福这个字眼/有着最贴心的感受/不只是在森林公园的大氧吧里/舞出当年太极剑的潇洒模样/不只是在取巧红亭的景致中/回顾往日山一程水一程的艰苦时光/不只是在星空下的灿烂灯火间/交换彼此无忧生活的眼光/你只想对满堂儿孙说/老一辈/了却了心中的企盼/新一代/会实现更大的渴望。

著名诗人聂鲁达曾说："作为诗人的责任，不仅要爱玫瑰花与谐音，炽烈的爱情与无边的乡愁，也要爱我写在诗里的人类的那些艰巨的使命。"手边这本《诗录北大荒》，写满了诗心与历史的激情相遇，是作者以诗人的角色对心中收藏的时代，把灵魂和生命敞开来，对高远天空和无边大地深情诉说。

或许，诗之有用，在于它生动地记下了秒针切割下的一切，还原了旧时光中所有的光线与暗影，使之重现，并永恒。

我离开诗的日子，太久了。

最近家中变故，我内心困顿之时，看到"答应我，忍住你的痛苦。不发一言，穿过整座城市"。看到海子《夏天的太阳》："你来人间一趟/你要看看太阳/和你的心上人/一起走在街上"。这种美妙瞬间带来的喜悦，仿佛是绝境里泥土的气味，在难过的日子里，不经意间点亮我的世界，温暖内心，成为我继续生活下去的可贵勇气。

或许来时路上的所有坎坷，终将止于鲜花盛开的美丽人生。

夏季即将结束，看"这个秋天在气味中到来。一切还像在夏天，颜色完全没改变，空气在绿色和白色上清澈地生长"。朝九晚五奋斗在格子间的我们，有没有那么一个瞬间，让你记起诗中那种明亮美好的快乐？

怀念有诗的日子。

案例六　我不曾留恋你，北大荒

不曾留恋你，北大荒。
不曾留恋你肃杀的寒冬，
不曾留恋你荒凉的春天，
不曾留恋你灼人的夏日，
不曾留恋你繁忙的深秋。
我给自己想了若干的理由不去留恋你。
凛冽的北风，刀割一般。
晚来的春色，昙花一现。
烧灼的烈日，没有尽头。
金色的秋天，不曾停歇。
……

我明明对这里那么地排斥，那么地没有留恋。
为何会在吃到东北那饱满甘甜的米饭时哽咽；
为何会在傍晚的西湖边想起多年前掠过江面的徐徐清风；
为何会突然想起极地寒冬开山时那热辣辣的烧刀子；
为何会主动去与旅途中有过相同开荒经历的人热切攀谈，把酒欢歌。
我曾认为北大荒是我年轻时的苦难，不愿提及，
也曾认为我不爱北大荒，因为那不是我的家。
想人生如白驹过隙，想这情感恨极爱极。
我要承认，我爱北大荒！
爱那白雪皑皑的寒冬，
爱那银装素裹的白山黑水，
爱那热情洋溢的可爱老乡，
我爱北大荒。
爱那短暂迟缓的春天，
爱那料峭在寒风里的新芽，
爱那荒凉后的饱满生机，
我爱北大荒。
爱那明媚灿烂的盛夏，
爱那烈日下汗流浃背的忙，

爱那大江边的爽朗歌声，

我爱北大荒。

爱那硕果累累的秋季，

爱那风中起伏的金色稻穗，

爱那铁锅中喷香的大锅炖。

我爱北大荒。

她磨炼了我的性格，

她丰富了我的青春。

她是我的第二故乡。

她是我内心的根。

我不曾留恋北大荒，只因我一直深爱着她。

二、企业文化相关文案

案例一　心怀天下粮仓　不负盛世华年
——写在大农网生活馆启动的日子

今晚注定是一个不凡的夜晚。大农网第一家生活馆开始动工装修了。站在生活馆所在的哈尔滨中央大街的石头道上，璀璨的灯火里看不出夜色深沉，那些深藏的记忆和情思迎面扑来。

我自幼生长在黑龙江的农场里，那时总是那样渴望大城市的生活：高楼大厦、霓虹夜色、车水马龙、锦衣美餐。光阴如水，一转眼，科技和经济的进步让城市与乡村模糊了界限，生活越来越好，但毒牛奶、地沟油等食品安全事件却屡见不鲜，作为新一代农场人，我对这个花花世界有了一种说不出来的滋味。

前几天去北安等几个农场，研讨大农网的无人机工作。回来一路上，我静静看满眼秋色，看袅袅炊烟暮霭升腾，回想着简单香醇的午餐：有机猪肉炖粉条、水煮的甜苞米棒、清冽的五大连池山泉水炖豆腐，再来一碗东北大米饭。食物美味可口，我吃得恬静自安，温暖满足。但这纯真的味道对许多人而言，却逐渐变成了奢望。

我奔波在各个农场间，看到山水依然，这样的思绪常像飘落在肩头的枫叶，美丽而凄凉，又似乎逐渐地变化，渐渐变得沉重，我知道，那是少年时的情怀！曾经的农场人，是传说中的"神农"，三代人戍边军垦成就了今天的北大荒传奇。从父辈的言传身教中，每个农场人不由自主地身怀着军垦人的使命：心怀天下粮仓，守望绿色天然。

今天，我们终于把藏在传说与传奇背后的情怀，悬挂在了大农网办公室的墙上，倾注在了大农网的每一次蜕变中。从为粮农建立粮食生资交易平台，到开发"农场里"自有品牌产品，再到O2O生活馆的筹建，大农人，从农场里走来了。

生活馆建于秋风渐起的日子，是收获的季节，也要适应寒冬的来临。但几代农垦人经历那么些冬去春来、雪落花开，自然懂春种秋收、得顺应时节。大农人，怎么会辜负这盛世华年？

案例二　小农谋生 大农种爱

请大农网的张靓来课堂做分享，谈及大农情怀，她讲了一个小故事：一个男孩贫穷却酷爱旅行，所以只能穷游。一路走下来积累了许多搭车的经验，有一次搭车到达目的地时，车主要求他请客吃饭，结果花光了男孩剩下的钱，那次旅行也不得不提前结束。男孩很愤慨，车主大哥说，一路上听到的都是你得到许多帮助，可你却从未回报给别人，这是我给你上的一课。由此她讲起了大农人的情怀……

我忽然对眼前这位女士有些敬佩，抑或对大农人的敬佩吧。农人，曾经是解决生存问题的群体标志，但太多的春种秋收，依靠着大地赏赐谋求些温饱的食物、交换些生活必需。但正如一个人，生命里只知道不停索取享用，不懂回报和感恩，那就永远停留在饥饿的孩童时代了，整个人类社会其实也是如此。那些智慧的人行走一生，终点往往不是有所得，反而是有所给予。

如今在我们眼前的大农人，正是这样一个群体。我想起《人的本质》这本书。该书的内容，来源于日本著名企业家稻盛和夫与日本著名宗教学者、修行家本山博的一次对话。两人从2008年秋天的世界经济危机谈起，讲到了资本主义社会制度带来的弊端，以及这种制度对人性的不良影响，进而剖析了人性在"魔的时代"中，所体现出来的懦弱和不堪一击。他们又谈到人们要注重精神层面的提升，通过心怀"大爱"与"感恩"，以及剪灭贪、嗔、痴"三毒"来磨砺自己的灵魂，使精神得到升华，从而确立并坚守一种超越任何宗教的信仰。这种信仰强调感恩、大爱、利他，并且其作者认为，它可能决定人类的未来走向。

大农网自成立之初，强调的"心怀天下粮仓，守望绿色安全"，初衷就是从播种大爱开始吧。即使经历困境，却如有神助，如今想来，简直就是在悬崖边行走。或许这就是大农网始终坚持利己利他的缘故吧。

案例三 花开花落种乡愁
——写在"农场里"上市的日子

北方的 7 月，是一年中难得的火热时节。我面对着大农网邢总送来的印有"农场里"商标被精美包装的糙米，心里涌起一抹暖意。

离开国营农场好多年了，我每次遇到农场的人都很亲切。有些东西是人一生不能忘怀的，乡情就是其中一种。很多年来在外的日子，严冬酷夏，世事无常。走过了一次次波峰谷底，看过了一个个冷暖故事，哪还敢在心里保存那些满满的热爱与温情？唯独是乡情，虽然心底经历岁月，但早已酝酿成了乡愁，依旧热度不减。

自从少年求学远离了农场，我与小伙伴一起在农忙假里结伴去看插秧的欢乐、机械收割后去捡稻穗（俗称捡地）的辛苦、去豆腐坊喝豆浆和挑豆腐皮的滋味等就都留给了记忆，再没有机会重温了。

对于黑龙江的农垦农场，是没办法和没来过农场的人说清楚有多大的，"一天走不到地头"是我最爱用的形容了。而对东北大米美味的形容，最常说的就是：跟肉一样，不用吃菜就能吃一碗。在外地如果有机会吃上正宗的农场大米，我总是企图把饭咀嚼成能隔绝一切的味道，让少年时的记忆再次入口、入心。

我听说农垦有了自己的"大农网"，还有了自己的品牌"农场里"，他乡的游子可以在网上买到久违的家乡产品了。我由衷地向邢总祝贺，他却又笑着说不舒服，躲进洗手间，高高地仰着头，不让泪水流下。其实，我们忍得住流泪，却忍不住埋在心底关于农场里的乡愁。

遗失了相守，苍老了岁月，与家的距离却因一网而情浓。网络那端，故乡安在，可敢重逢？

想你的花开花落，想你的春种秋收。

第三节　社会化营销体系建设以及软文营销

一、社会化营销体系建设

企业社会化营销体系的建设是一个涉及多方面的复杂过程，需要综合考虑企业资源、市场环境、目标受众、营销策略等多个因素。以下是一些关键步骤和注意事项，有助于构建有效的企业社会化营销体系。

第一，市场调研与分析。在构建社会化营销体系之前，企业需要对市场进行深入的调研和分析，了解目标受众的需求、竞争对手的情况以及行业趋势。这有助于企业制定有针对性的营销策略，并确保其与市场需求相符合。

第二，制定营销策略。根据市场调研结果，企业需要制定具体的营销策略，包括目标受众的定位、营销渠道的选择、营销内容的规划等。同时，企业需要明确营销目标，例如提高品牌知名度、促进产品销售等。

第三，确定营销渠道。社会化媒体平台，如微博、微信、抖音等，为企业提供了与目标受众互动的机会。企业需要选择合适的平台，并根据平台特点制定相应的营销策略。同时，企业也可以通过合作伙伴、意见领袖等扩大影响力和受众范围。

第四，营销内容创作。高质量的营销内容是吸引和留住目标受众的关键。企业需要制定内容策略，包括主题、风格、发布频率等，并创作有趣、有用、有吸引力的内容，以吸引目标受众的关注。

第五，互动与回应。在社会化媒体平台上，与受众互动是建立品牌形象和信誉的重要环节。企业需要积极回应评论、私信等，及时解决用户问题，提高用户满意度。同时，企业也可以通过举办线上活动、抽奖等形式增加用户参与度。

第六，监测与评估。定期监测和分析营销活动的数据和效果，如粉丝数量、转发量、评论等，有助于企业了解营销体系的实际效果，并发现存在的问题和改进方向。企业需要不断优化营销策略和内容，以实现更好的效果。

第七，持续学习与创新。随着市场环境的变化和技术的不断进步，企业社会化营销体系的建设也需要不断学习和创新。企业需要关注行业动态和竞争对手的营销策略，学习新的营销方法和技巧，不断优化自身的营销体系。

总之，企业社会化营销体系建设是一个长期的过程，需要企业在实践中不断摸索和改进。通过制定科学的策略、选择合适的渠道、创作优质的内容、积极互动回应、监测评估以及持续学习和创新，企业可以建立起高效的社会化营销体系，提升品牌知名度和增强市场竞争力。除了以上提到的关键步骤，企业社会化营销体系建设还须要注意以下五个方面：

第一，保持一致性。企业在不同的社会化媒体平台上应该保持品牌形象和信息的一致性。这有助于提高品牌认知度和可信度，并让用户对企业形成统一的印象。

第二，建立信任关系。在社会化媒体上，企业须要与用户建立信任关系。这需要企业积极回应用户问题、提供有价值的信息、保持透明的沟通，以及展现出真诚的态度和专业的素养。

第三，合理使用数据。企业须要合理使用各种数据来评估营销效果和制定营销策略。这些数据不仅包括粉丝数量、转发量等表面数据，还应该包括用户行为、兴趣爱好等数据，以便企业更好地理解用户需求和市场趋势。

第四，培养专业团队。企业须要培养一支专业的社会化营销团队，具备市场分析、内容创作、社交媒体运营等多方面的能力。这有助于企业更好地执行营销策略，提高营销效果。

第五，不断调整优化。企业社会化营销体系建设是一个不断调整和优化的过程。企业需要根据市场变化、用户反馈和营销效果，不断调整营销策略和内容，以实现更好的营销效果。

同时，企业可以通过这个平台提供客户服务，直接地与客户实施，高效地进行对话，第一时间为客户解决问题。这种比较透明的客服方式不仅能节省企业资源，而且能提高服务的水平和效率，更能增强客户的忠诚度。员工与顾客的互动，使整个组织能更具人性化，使得员工更真实、透明。

综上，不同企业进行社会化营销建设时，应当根据自己企业实际，构建自己的社会媒体布局，并建设原创内容。在这个过程中无论是微博、微信公众平台还是抖音账号，基本的要求都是相通的。社会化营销方式，与传统营销不同的是，有互动性强、内容价值高、用户转化率高等特点，但是，对企业管理人员通常有较高的要求，要求有战略眼光，要有分享和奉献精神，乐于用个人社交媒体配合企业社会化营销。同时，做好社会化营销也一定要做好自身定位，不要刻意地追求粉丝数量，而是要提高产品信息转发质量。此外，企业需要利用一些推广策略去让更多的用户来关注。企业通过锁定精准人群，开展有效的 O2O 的互动，建立良好的用户体验，优化用户体验和增强用户黏性，通过用户的体验分享，形成忠实客户群和用户间传播，在社交网络实现传播和吸引。

二、软文营销

在社会化营销体系建设的同时，企业还要创作相关软文，开展基本的企业文化信息铺设。

软文之所以备受推崇，第一大原因就是各种媒体抢占眼球竞争激烈，人们对电视、报纸的硬广告关注度下降，广告的实际效果不再明显。特别是随着供网络营销的移动端普及，人们的触媒习惯大大改变。第二大原因就是媒体对软文的收费比硬广告要低得多，在资金不是很雄厚的情况下，软文的投入产出比较科学合理。所以企业从这两个角度出发，愿意以软文试水，以便快速启动市场。所谓软文，就是带有某种动机的文体。软文是由企业的市场策划人员或广告公司的文案人员来负责撰写的"文字广告"。与硬广告相比，软文顾名思义，精妙之处就在于一个"软"字，好似绵里藏针，收而不露，克敌于无形，等到你发现这是一篇软文的时候，你已经掉入了被精心设计过的"软文广告"陷阱中。它追求的是一种春风化雨、润物无声的传播效果。

软文营销，则是个人和群体通过撰写软文，实现动机，达成交换或交易的目的的营销方式。其常常以摆事实讲道理的方式使消费者走进企业设定的"思维圈"，以强有力的针对性心理攻击迅速实现产品销售的文字模式和口头传播。从本质上来说，它是企业软性渗透的商业策略在广告形式上的实现，通常借助文字表达与舆论传播使消费者认同某种概念、观点和分析思路，从而达到企业品牌宣传、产品销售的目的。

人们不喜欢"广告"这两个字，无论社会化营销中的文章写得多好，只要让人们发现有广告嫌疑，一切都等于零。软文也不能太软，如果软得没了宣传的迹象，读者真的拿它当作一篇优美的范文去欣赏，那功夫也就白费了，这就要求我们写出的软文软硬适中，既不能让读者一眼就看穿是广告，又要让读者能够记下你要宣传推广的信息，起到推广作用。而广告信息的嵌入，要巧妙、自然，能够完全地融入内容，呈现完美的结合。最忌生拉硬扯，胡乱联系，让读者反感。

把营销内容自然地融入文章是很难的事。因为一篇高境界的软文是要让读者读起来一点都没有广告的味道，就是要够"软"，读完之后读者还能够受益匪浅，认为你的文章为他（她）提供了不少帮助，并且要在写软文之前就要想好广告的内容、目的。

三、大农网的社会化营销体系建设和软文营销

下面本部分将以大农网为例，进一步讲解企业社会化营销体系建设及软文营销。

（一）大农网的社会化营销体系建设

1. 内涵构建。

内涵构建，指在企业实际基础上，结合营销设计中的需求，确定大农网企业文化的基本内涵，包括文字表达、视觉识别表达、音乐和视频表达等各种表达方式。其在对企业文化进行深度解析、展示和创作下，完成基本的企业文化内涵建设，并完成网络营销基本内容的建设。

2. 工具构建。

在确定大农网文化内涵的同时，企业开始建设相关网络工具和载体，形成自己的新媒体工具和粉丝群体，为企业文化的进一步传播、发展以及销售做好工具建设。

3. 视觉识别体系的确立和再创作。

根据企业 logo（大农网、农场里）的设计以及基本色彩搭配，创作设计社会化营销使用的主要招贴画 5 幅。结合正在使用的广告语，设计常用网络用语 20 条。在此基础上企业开始相应的延展性再创作。

4. 工具建设。

企业建立以微信公众平台为主，以抖音为辅的自媒体发布渠道官方工具。微信公众平台服务号：农场里。引流微信公众平台订阅号：易奇玩。

其他社交媒体矩阵官方账号：新浪微博、腾讯 QQ、百度知道等。

5. 社会化媒体基础信息铺设与自媒体内容建设

在大农网的文化内涵建设和工具建设完成后，通过网络工具开展的大量信息铺设工作，是营销工作的基础，也是最后实现电商交易的基本生态环境的前提。

（二）大农网的软文营销

1. 官方平台的软文创作。

下面的文章就是大农网的软文营销中官方平台的软文案例。这些案例从农场地理环境入手，即环境特点及民俗、旅游风光以及与之相关的物产内容（特别是农场产品特质），扩展到美食。软文作者们将大农网农场里的产品巧妙地植入文章之中，毫无违和感。案例还从怀念黑土地、怀念家乡的角度抒写了乡愁与人生的感慨。案例内容丰富，联系实际，可唤起乡情和引发关注，进而产生流量。

案例一　忆东北（之一）

"妈，给我冻点儿豆角儿，等我放假回去吃。"

"行，妈给你冻一冰柜。"

我作为土生土长的东北人，来美国加州读书后，家乡的味道成了我思念的载体。虽说这里的唐人街也满眼都是从国内空运来的蔬菜，可我大东北的豆角在这里绝对是稀罕东西，花钱也买不到。能吃上妈妈做的土豆炖豆角已经成了一种奢望，也成了我努力学习通过考试，能顺顺当当放假回国的一种动力。

刚来美国的时候，我住在奥克兰，就是 2015 年 NBA 总冠军金州勇士队所在的那个城市。除了这个由头，可能根本不会有人知道这是个什么地方。此外，从奥克兰开车 20 分钟就能到达比它名气大得多的城市——旧金山。

奥克兰的唐人街不大，但算得上应有尽有，有菜市场、药房、诊所、图书馆、书店、银行等。但无论街上的人还是店铺里的人，都有一个特点——讲广东话。

作为一个东北人，小时候既不听粤语歌又不看粤语电影，看过的香港电视剧《鹿鼎记》《射雕英雄传》也都是普通话配音版本。当有人跟我说了些什么，哪怕是买菜结账，我绝对会一脸疑惑地反问人家："你说啥玩意儿?"

懵懂的我曾以为大家都是中国人,只要认真听,仔细琢磨琢磨,就能听得懂广东话。可在现实面前,我认怂了。来美国这么久,我在唐人街买过多次菜,能听懂的只有一句:yáo mǒu duái(有没有袋子)?

我看过一条微博,说很多中国人出了国会有更深的爱国感受。现在的我多多少少能有些体会,不只对中国形象和尊严的维护的使命感增强,还对同在异国的中国人莫名地亲近和友好,更多地对生我养我的北大荒想念。对东北及美食的思念,一点点延伸到对家人的牵挂,再到对于陪伴我度过童年、少年、青年的生活环境,甚至对语言的眷恋。

花柳繁华地,温柔富贵乡。这样形容大东北是不是更加贴切呢?至少,我是这样认为的。

案例二　忆东北(之二)

时间过得好快,一转眼我到日本已经八年了。在日本随处能够吃到意式料理、泰式料理、韩式料理,当然也有接地气的日式料理。可谓美食遍地开花。

选择日式料理的基本上是上了年纪、有些社会地位的人。而都市白领、文艺佳人,以及年轻情侣常会刻意选择意大利式料理。为什么是意大利"式"料理呢?因为经过日本人自己的加工(换佐料、配菜),菜色就可以焕然一新,可以被称新创作料理。

我有时在想,那些刻意选择意大利式料理的人,真的是因为喜欢吗?他们也许会说,吃的不是食物,吃的是一种情调,但有的时候追求情调也挺好笑的。这些人看着不熟悉又蹩嘴的日式英文标识出来的菜单,点菜之前还要在嘴里默念几遍以免在同伴和服务员面前出丑,才敢小心翼翼一字一句地念出来,这样的情况屡见不鲜。当然有些人干脆佯装成早已熟悉的样子,跟同伴同行的时候绝对不点自己没有尝试过的菜,不知道的人还以为这人是内行,而这人内心估计是在打鼓的。

在外就餐情调很重要,这我从不否认。我们已经告别了为了生存而果腹的年代,精神上的奢侈享受得到了前所未有的重视。我去过一些高级料理店,店里的食物真是让人啧啧称奇、流连忘返吗?非也。大多卖的是服务,卖的是贵宾的尊贵和虚荣。

在趋之若鹜的名店门口排上 1~2 小时，满怀失望地出来的人不在少数。但由于可怜的自尊心，他们不得不跟朋友说那家店食物怎样好吃，餐具怎样别致，情调如何风雅。一传十传百，一些名店的口碑就是这样形成的。

吃过中华料理的人都知道，仅仅是做法就甩了其他料理好几十条街。蒸、炒、烹、炸、炖、煮、炝、拌、溜、滑、煎、焯，加上刀工以及火候上的控制就能够做出不同的味道，其中的博大精深国人体会最为真切。所以中国人无论到什么地方，大都无法忍受味道单一，做法简单的料理。

在日本随处可见没有专业学过烹饪的厨师独自开家拉面店、意大利创意料理店、日式创意料理店。里面的料理除了配菜不同或者同样配菜而产地不同，就可以自成一家。想想在中国，如果只会做很难吃得出差异的番茄炒鸡蛋、鸡蛋羹、黄瓜炒鸡蛋的厨师就可以开家店，应该会今天开张明天关门。

好怀念家乡东北的美食。

案例三　忆东北（之三）

记得那年的冬天，天气很寒冷，天空中的雪花飘飘洒洒，让人感觉意境深远。但是就是在那年的冬天，我突然间有种说不出来的感觉，对远行、对未来开始莫名地向往。

我想念家乡，特别是东北的冬天，虽然很冷很漫长，但是那里的小街小巷的小吃绝对是一绝，如冰糖葫芦、马迭儿冰棍、烤冷面、蒜蓉羊排、烤明太鱼。这些让吃货们不畏寒冷出门去吃的美味食物，和着哈气跺脚的那种感觉真是别有一番风味。小时候的冬天最好玩的事情就是放鞭炮，临近春节的时候孩子们的脸就像是花开了一样，灿烂的笑容挂在了每个人的脸上，长辈们也结束了一年的努力，欢欢喜喜地储存年货，等待团圆。

东北的春天很短暂，春夏过渡简单粗暴，好像昨天还穿棉服，今天就可以换单衣了。它有点像东北人的性格，爽快又直率。

夏天来临的时候，我想每个人都和我差不多，准备好了背心短裤人字拖，在最热的时候喝上一杯冰镇的饮料，吃上冰淇淋，满满的都是享受。夏天也是水果蔬菜最丰盛的季节，我最爱吃老妈做的排骨炖豆角，再焖上一锅初碾的米饭，真是绝配。

东北的秋天是首短诗，是幅层林尽染的油画。微凉的有形的风、摇曳的五色的树、金色的无垠的稻田、满街的饱满的秋菜……最难忘的是这样的场景：在铺满金色叶子的杨树下，摆上一箱大哈啤（哈尔滨啤酒），配上红肠、面包、格瓦斯，最好再有一炉俄罗斯风味的烤串。

现如今我异地求学，在新的环境，这种季节的更替和感受都少了许多。可是我想，要勇敢地面对这一切吧，勇敢地，大步向前。

20 岁，我的梦，才刚刚开始。

案例四　家乡的味道

喜欢坐在宽敞明亮的厨房里，看煲汤的砂锅发出噗噗的声响。砂锅煲出的粥汤很经典，原汁原味的小米粥，满碗开花的大米绿豆。用其煮出来的牛肉、猪肉切片，在热锅之中放上酱油稍稍炒一下，放上葱丝，出锅，香气四溢。

它对你唯一的要求：要有足够的耐心。

我所在的城市，在四季分明的北方。人的味蕾好像也分为春夏秋冬，并与之呼应。立春这天，当然要吃春饼。嫩炒鸡蛋、豆芽、茄丝、熏肉、羊角葱，抹上甜面酱，齐齐卷在薄薄的面饼里，咬一口，就是"咬春"。到了夏天，早早起来去集市，买新鲜的黄花菜，焯水之后，用热的辣椒油和着花椒拌一下。青椒红椒切成方块，葱丝姜丝爆香，和肉片一同翻炒。清蒸的茄子，搅成丝，拌上清酱，香菜和葱丝，再焖一锅初碾的米饭，真是美味。立秋之后，秋天的感觉随之而来。盛夏之时，凉拌小黄瓜，皮蛋豆腐觉得很开胃，秋天之后就不再想吃。冬日里的萝卜炖牛肉，羊肉冬瓜汤好营养。西红柿炖牛腩，烧开之后放一点番茄酱。蒸包子是最有成就感的事了，软软的面饼，平摊在手掌上，填满馅儿，被旋转成玫瑰花苞的样子。包子被放在透明的锅里，在一刻钟的时间里，看它一点一点鼓起来，就像等待一朵花开。

我在杂志上看到一则小故事，说上海一位巨富千金坎坷一生，最终沦为清洁工人。生活环境的巨变也没有改变她原来的一种生活习惯，她在繁重的劳动之后仍然会用仅有的一口铝锅烘烤出西式糕点，然后悠悠地喝下午茶。其中经历的酸甜苦辣，让人唏嘘。只是人生四味既已尝过，或许就不会再有什么好惧怕。

成长到30岁这一年，我开始觉得，生活里许多事似乎没有绝对的好与坏。如果一直被父母宠爱，得到许多的温暖和帮助，那么御寒能力就会差一些。一直独立，遇到许多困难，可是相对享受的自由也就多一些。弘一法师说，人生就是悲欣交集。而怎样解读自己的生活，我认为选择权在自己。有时我想，生命真是没有必要，配上雄浑悲壮的背景音乐吧。

做自己人生的编剧。不惧不惑，向阳而生。

案例五　乡愁——梦回萝北农场

秋风渐起，晚上我散步路过一个音像商店，一首儿时的老歌飘出，听得我泪流满面。我坐在楼下的亭子里，依稀回忆起逝去的流年，遥望岁月彼岸的袅袅炊烟，那是古镇界江和回不去的曾经之恋。我从黑龙江的萝北农场高考出来，一晃二十年了，远离了那片土地，霓虹灯下铅华如曲，低沉的旋律却满是乡愁，让人不忍去回味。

年轻的时候，似乎不是这样。那时做人做事，总有自己的态度。野心勃勃，丝毫没有风月之心，也不懂得如何去爱。或许是因为对人性与时间还不曾深入理解，也就没有宽容、原谅和珍惜。如今走了更长的路途，迂回转折，来回求索，方能获得对自己与他人的释然。或许一切只有尝尽甘苦之后，才能坦然自若。

过去的青涩岁月，也慢慢沉淀成我许多落寞的文字，溶解在我一直不冷的血液里。即使我身处繁华，却常以黑土地为题，只为把心底的怀念谱成一首重复的赞歌，不知是歌咏家乡还是歌咏家乡那个人？生怕有一天苍老得没办法谱完续曲而留下遗憾与失落。故乡遥在，爱恋远去。不想淡定地看心间思念变成笔尖散落的伤感。

曾经忙碌的路上不敢回望，一步步踏碎了流年。夜深人静，藏在夜色深处，默默地呼吸苦楚，任思念与热泪同流；当岁月苍老了年华，时光熔断了离愁，若他日归去，同学师长、旧日红颜，可敢相见？

今宵酒醒何处，杨柳岸晓风残月。

案例六　用生命洄游

我偶然路过北京的东北特产专卖店，看到有卖大马哈鱼，忽然有种莫名的冲动。小时候家在嘉荫，隔江与俄罗斯相望，烹饪这种现在很昂贵的鱼的方法很简单：用调料在盆子中喂入味道，再下油锅煎炸至熟透就可以了。

大马哈鱼是黑龙江特产，之所以会出现在黑龙江中是由其独特的繁殖方式决定的，专业一些的说法就是，它是溯河性鱼类。大马哈鱼出生在黑龙江的淡水流域，长大后顺流进入大海生活，在海中生存 4 年左右，当时机成熟的时候成群结队返回出生地的淡水流域。

我每每想起这些一世世进行神奇旅行的鱼族，总是满怀敬意。其实大马哈鱼的洄游，是极其悲壮的。它们既要冒着生命的威胁，也要有走向生命终点的勇气，那是用生命在洄游。

那一路逆流而上，为了克服淡水与咸水的差异，它们在产卵前要放弃喝水与进食，忍饥挨饿；为了越过激流与瀑布，它们一跃而起，全力拼搏。逆流，本是这世上最艰难的路，它们却无所畏惧。

大马哈鱼一生只产一次卵，这一路的回归，它们向死而生，无怨无悔，乐观地面对一切，在大陆与海洋之间一次又一次奏响生命的乐章。

作为北方人，骨子里一往无前的信念、破釜沉舟的勇气、心如磐石的坚持、至诚至爱的情怀，是否与生我养我的那片黑土地有关呢？

案例七　知味——妈妈的味道

秋风渐起的中秋，伤感随风。我想起离世已经 38 天的妈妈，想起记忆深处的妈妈的味道。

我知道一个关于妈妈的味道的小故事。有个小女孩叫阿花，只有 5 岁的她，脚下要垫着小板凳才够得着晒衣架。但她在厨房切菜、烧饭的架势相当熟练。她每个早晨要完成这些事情：洗脸、喂狗、散步、洗手、吃早饭、刷牙、弹钢琴、上厕所、去幼儿园，这样"充实"的早晨让很多大人瞠目结舌。可放学回家后她还要叠衣服、晒衣服、刷澡盆、喂狗、打扫、整理衣柜、收拾衣服，有时还给爸爸做晚饭。

阿花 9 个月的时候，妈妈的乳腺癌复发了，她开始思考：教孩子什么最重要？思来想去她的教育哲学是："我要教会你做家务，学习可以排在第二位，只要身体健康能够自食其力，将来无论走到哪里都能活下去！只要阿花力所能及的事我都让她自己来，我希望女儿一个人也能顽强苗壮地活下去。"于是 4 岁生日的时候，阿花得到的生日礼物是一条围裙。阿花 5

岁的时候，妈妈离开了，阿花学会了做菜。爸爸希望通过"妈妈的味道"，让一家三口的时光留在女儿心里。

每个人都有专属于自己的"妈妈的味道"，这种味道萦绕我们的一生，异香独特，从未散尽。最爱吃妈妈生前做的米饭和鱼，初碾的米饭，即使是用电饭煲，也丝毫不比柞木柈子烧出来的味道差。再配上红烧五大连池的矿泉鱼，一菜一饭，米白鱼红，味满小屋。

中秋了，我更想妈妈的味道。昨天从大农网的网上商城买来了一包"农场里"初碾米，想一点一点复原那无法割舍的味道。我想，爱的传承，就是妈妈的心走进我的心。因而我感觉到她的心并没有消失，只是时光把她留在了这里。

2. 非官方平台的软文创作。

以下几篇"大农网"非官方平台的软文案例以农场人的后代为主角的角度描写了现代家庭生活、教育、工作相关事件，适当引入美学和文学，打造"农场里，忆田上，岁月悠然"的境界，让读者产生共鸣。

案例一　成长的滋味

在肇源农场的田间遇到过一个小伙子，他20多岁，刚从农业中职院校毕业回来的。交谈中我得知他的父亲也是农场的老职工，是有名的种瓜大王，但瓜一直平常地卖，生意不温不火。从去年开始，还在上学的他开始在网上帮父亲卖瓜，今年店铺已经小有名气，这次就是回来和父亲商量网上预售的事的，谈笑之间，是满满的自信。

回来我常想起这个孩子的样子，与他老父亲的一脸凝重的疑虑对比，总觉得那笑容里英气逼人。正如人们说的，在20多岁的时候，感觉是自己张开双臂迎上世界。那时的世界由无限多扇门组成。你可以打开无限多种可能。而40多岁的时候，生活是要给你来真格的。整个世界向你倾倒过来，听得见自己身上骨节噼啪作响，一口气屏住，不敢有丝毫松懈。

由此我再次感到了对青春和成长的敬畏，想起之前的思考。小时候由于父亲工作的缘故，我常常可以参加各种缘由的应酬场合。我常想人为什么一定要在一起吃吃喝喝呢？后来懂了，这确实是增进情感的最方便快捷的方式。"80后"这代人成长到现在，也已然像当年的父辈一样，在各式饭局间觥筹交错。

但酒醒时分，我偶尔诧异：难道我们奋力向前，却注定不断退回，那我们这一代与父辈们又有什么不同呢？思维方式或生活状态不同？就像这个时代的年轻人尝试新的社交方式，甚至爱上了社交电商。这也许算得上这个时代对我们成长的影响吧。

青春的伟大在于你可以放手一搏，毫无顾忌地尽力把多扇门打开看看，疯狂探索。但是探索到一定的时间，你终将明白一点：一生不可能全然在不断开门中度过。一定有某扇门，或者某几扇门，打开之后自己可以走进更深远的世界。把自己托付给智慧也好，纯粹的欲望也罢，你会一路这么走下去，那是属于你的一部分。你可以为之努力，在自己的沙漏清空之前走到你认定的处所。

选择，尽可以激情无限，但之后的路，需要执着坚定，才会云淡风轻。因此不再羡慕别人选择的门和别人走过的路。

案例二　出发，与更好的自己相遇

有人说：什么时候，你能与一个老人待一个下午，饶有兴趣地听他讲完精彩或者不精彩的人生故事，那说明你已成熟。

记得曾经有位老师说过，她在自家院子里种了一棵柿子树。春天发芽夏天开花，一夜风雨之后，总有许多花散落到树下。经历了酷暑，遇到霜冻，又要折损一些，让人无限惋惜。接近冬天，才能看到黄澄澄的柿子挂在枝头，瞬间明白了硕果仅存的意味，因而敬畏天地与生命。或许只有当一个人看到了人生的四季，才会开始对年老的理解，并且深知，我们每个人都要经历。

有时我在想，今人和古人，到底有什么不同呢。时代的巨变是沧海桑田，情感世界里依然只是喜怒哀乐，历劫人生的生老病死。或许我们奋力前进，却如同逆水行舟，注定要不断地退回过去。

我离开家乡许多年，在母亲去世后，似乎更没有了家的感觉。惆怅间我看到这样的句子："人的故乡，并不止于一块特定的土地，而是一种辽阔无比的心情，不受空间和时间的限制；这心情一经唤起，就是你已经回到了故乡。"因为工作的关系，我结识了大农网的工作人员。我想我的这种心情就如同这些离开北大荒农场很多年创办"大农网"的人，他们试图为这片黑土地做点什么，也是因为心灵故乡存在的缘故吧？

我豁然开朗。

最近"辞职去旅行""卖房旅行"充斥着网络。身边的一些朋友也纷纷出走。毛姆说:"我旅行是因为喜欢到处走动,我享受旅行给我的自由感觉,我很高兴摆脱羁绊、责任和义务,我喜爱未知事物;我结识一些奇人,他们给我片刻欢愉,有时也给我写作主题;我时常腻烦自己,以为借助旅行可以丰富个性,让我略有改观。我旅行一趟,回来的时候不会依然故我。"

我却在有压力的时候,才想远行。我喜欢海明威在《太阳照常升起》里说的一句话:"你从一个地方跑到另一个地方,但你还是你。你没法从自己的身体里面逃出去。"

每一个人都有自己的困境。要走出困境,首先要直面自己的内心。而只有频率相同的人,才能看见彼此内心深处不为人知的优雅。

案例三 毫不费力的美

我最近读书,看到书中注解:何为清?何为雅?何为简?竹影摇曳,向炉明性为清。华堂美器,琴伴茗烟为雅。乡野茅亭,陋室粗杯为简。各有各的美。茶道里有个流派,不追求器具的精美,只是讲求和周围环境的融合,身心一致。这几天因工作关系来北安农场出差,赶上了 2016 年第一场雪,高速不通,于是有机会拜访了几个农场里的平常人家。再次感受到这种不求过分修饰,享受真实自然,随遇而安的美感。

那天走进农场的居民区,坐落在林海深处的小城,整洁现代,谈不上奢华。正是收割的季节,居民区里人不多,我问在家的老人们,他们说白天男男女女都在外面忙着鼓捣着各种农机。当夕阳的余晖染红了天际,从晚霞里走出三三两两的人们,回到自家门前。换掉了工作的衣服,女人们开始做饭,一会吃过饭的人们开始出来,在小区的楼下溜达、聊天。

每个年龄段都有自己的美。十几岁时,女孩曾暗暗发誓,十指不沾阳春水。岁月流逝,厨房里女人挥舞着粗壮的臂膀,却充满着尘世烟火的温暖。

农场里的女孩也许也有过瑰丽的梦想吧,但成为今天的农场人却是她们那么自然的抉择,留在家乡,可能有遗憾。生命怎么活都会有遗憾,而面对遗憾时的从容,也许是产生美的非常重要的时刻。如果常常要不断去填塞遗憾，那么遗憾就没有机会转换成美好的情操。

顺应天命，恰如其分。有一种美，是可以毫不费力地享受到的，如果愿意接受这种平常的美，它可以让生命更鲜活、更朴素，活得更像自己。

案例四　漫步农场里，忽逢桃花源

七月盛夏里，我第一次来到这样的地方，看到农场人自己种米、种菜、养鱼、养鸡……岁月静好，一瞬间的恍惚，以为自己来到了桃花源。

有人说，生活本身就是一个不断填补欲望的过程。现代生活让我们更加目标明确。我们想要最新款的电子产品、名牌包包、时尚鞋帽。有时候我甚至觉得那些东西正在慢慢构成一个假设出来的"我"，生命也好像被这些东西牵绊住了。

在这样一个物欲横流、追求自我的时代里，我们目的明确，行动力强。可是我们却很难感受到美。美更像是一种心境。而生命中忽然出现的那个最美好的时刻，常常是因为我们真的忘记了自己之前是谁，要做什么事。"忘路之远近，忽逢桃花林"，如果把陶渊明的诗句转成今天的生命情景，大概就是我们忘掉目的性之后，才会碰到美景和奇景。

我有一个朋友对我说，她每天都要喝一杯星巴克咖啡，不喝就没有安全感。人的物质欲望很有趣，产生的依赖性有时候让人觉得没有那些东西就不行。社会进步确实有意义，可是在进步的过程中，我们是不是忘记了什么？我们对物质的依赖究竟到了什么程度？

我们是不是忘记了：我们可以简单地生活。

其实每一个人都不可能离开群体。国、家、工作，都是我们的牵绊。如果内心有一处是桃花源，有一天"忘路之远近"，其实就够了。漫步农场里，是自我心灵的出走，是不想让自己被物质奴役，是想重新回忆起生命中可贵的部分。

离开城市，是为了更好地重逢，更好地与过往的自己相遇。

案例五　奢侈生活

像这样细细地听，如河口凝神倾听自己的源头/像这样深深地嗅，嗅一朵小花，直到知识化为乌有/像这样，在蔚蓝的空气里融进了无底的渴望/像这样，在床单的蔚蓝里，孩子遥望记忆的远方/像这样，莲花般的少年默默体验血的温泉/就像这样，与爱情相恋/就像这样，落入深渊。

我最近迷恋茨维耶娃，找来她所有诗作。读完后我陷入沉思：我们需要的真的有那么多吗？我们越来越忙碌，不断追求高质量，甚至奢侈的生活。可是到底何谓奢侈的生活？法国人雅克·阿塔利在其《21世纪词典》中说："不再是积累各种物品，而是表现在能够自由支配时间，回避他人，塞车和拥挤上。独处，断绝联系，拔掉所有插头，回归现实，体验生活，重返自我，返璞归真，自我设计。奢侈本身是对服务，度假地，治疗，教育、烹饪和娱乐的选择。"

当我在格子间朝九晚五地工作时，我的一个朋友却搬离一直生活的城市，搬到风景秀丽的小镇，生活简单且自给自足。

她的工作依然忙碌，但忙碌的只是工作本身，而不再是为了填补欲望。她亲自下厨做清淡的食物，也没有浓妆和复杂的服饰。她不需要过多地购买，但每一件都物尽其用。她运动、种花、插花、品茶、磨咖啡、烘焙蛋糕、手工做小摆件、读书，有时间时就四处旅行。她没有浮夸的交际圈，与每一个朋友都有实实在在的交情。

我每一次看见她，都觉得她的眼睛闪闪发光。

就像诗人所说，我愿意扎实地生活，吮尽生活的骨髓，过得简单，把一切不属于生活的内容剔除得干净利落，将生活逼到绝处，用最基本的形式，简单，简单，再简单。

或许令人着迷的并不是世界尽头。奢侈生活，其实是我们对待生活的态度。我们努力工作，也要学会让自己放空。

案例六　思念如海，有爱才有彼岸

今天下午在相思湖畔漫步，忽然从相思湖的名字想到了思念。我自高考后离家，一路从北方到南方不断迁移，转眼已年近半百，这一路上，各种思念与日俱增，慢慢地堆积。

思念不是一个简单的词汇，或许我们半生的漂泊也不能诠释它的含义。

有时，思念是一种淡淡的无奈，是想起家乡的一声轻轻叹息。从离开黑龙江小城，太多体验过的味道成了思念的滋味。我喜欢看高中同学群里的对话，每天都有来自天南海北的人说着，自己努力臆想，试图还原那种味道，越说越怀念。

有时，思念是一种静静的回忆，是喝茶时杯子里温柔往事的倒影。即使与母亲辞别那日泪如雨下，刻骨铭心，经过时间的沉淀，你会发现多年后想起的更多是她的爱抚和笑容，是关于她的充满爱的故事。

有时，思念是一种默默的理解，是历经沧海后对爱恨情仇的轻松释怀。怀念曾经工作过的几个地方，有过欢笑、有过伤痛，更多的却是成长。就算有伤害又如何呢？记忆似乎蒸发了早已不在意的人和事，沉淀下来的却是岁月流经时的温暖。

尽管，怎样的离别都是遗憾。尽管，有些路，越走越艰难。有些伙伴，渐行渐远。或许，再多的执念也敌不过似水流年。可是思念的温暖让我相信，荆棘踏遍，必有蒲草供我养身；劳碌过后，必有清宁供我养心；雨夜不多，总有云开星朗，圆月澄明，照我晴窗。

尽管，这世界有纷杂龌龊，在这红尘辗转中，我只用思念默默收藏着过去。带着记忆的温暖上路，让每次出发都与爱相遇，转成未来的思念。

逝者如斯，不舍昼夜，与往事干杯，让一切随风。

第四节　旅游业社会化营销体系建设

中国旅游业在 2020 年遭遇百年不遇的疫情，旅游市场经历了涅槃重生，进入了一个关键时期。在疫情后期的复工复产中，基于社会化营销的旅游电子商务市场有了新变化，特别是旅游直播经济成为新热点，云旅游迅速火爆。在 2023 年年末的黑龙江省哈尔滨市冰雪旅游营销中，社会化营销有了更加完美的体现。这一切都表明旅游市场营销特别青睐"社会化媒体"，旅游市场社会化营销其高度参与的互动性、透明性、社交性特征，使越来越多的旅游营销使用社会化媒体发布、分享和传播消息，同时进行客户资源的获取。

早在 2012 年，国家旅游局就在《中国旅游业"十二五"发展规划纲要》中明确指出："鼓励以各类网络媒体，门户、论坛、博客、微博等渠道资源作为目的地旅游营销载体，根据服务的客户群特征组织相应的旅游营销，提高内容的覆盖及影响力，降低营销成本。"旅游业社会化营销成为旅游业热点，在文旅融合的背景下，如何更好地利用社会化媒体进行营销推广，成为广大国内旅游企业营销的重点方向。通过社会化媒体营销，旅游企业可以在微信公众平台、官方微博以及其他社交网络的社交媒体上，发布相关的产品和服务信息，利用社交媒体的粉丝关注效应和社群效应，使得旅游企业能够通过社交媒体提升旅游企业品牌知名度、实现与潜在用户之间的广泛沟通，并参与到旅游企业的旅游产品中，通过体验与分享产生口碑，实现营销。

在当前中国社会化媒体的发展，因为微信的普及而进入鼎盛时期，特别是移动支付的普及，中国的社会化媒体的用户人群未来仍会保持高速增长，网民会将大量的时间和精力花费在社会化媒体上，也使其逐渐成为各行业进行营销推广的主要阵地。

但从实际情况来看，旅游企业由于人才培养要求高、网络资源少、成本核算困难等，开展全面的社会化营销难度很大，无法持久。2019 年《国家职业教育改革实施方案》对产教融合的指示，从政策上为解决这一问题提供了一条解决途径。基于这一背景，加快旅游市场社会化营销实践与研究，对旅游产业发展、对旅游市场开发、对旅游职业教育进步具有重要价值。

在社会化媒体影响力与日俱增，为企业的营销提供沟通平台的同时，在相当长的一段时间里，很多旅游企业对社会化媒体缺乏深入认识，营销手段还存在思想观念陈旧、过于依赖传统媒体渠道的问题，造成了传播成本高、时效性差、营销效果难以监测等现状。即使在今天，以抖音为代表的视频时代社交媒体火爆，视频级的社会化营销在被广泛采用的情况下，依然有大量的企业无法找到合理的社会化营销途径。就旅游企业而言，建立旅游市场社会化营销业务基本理论模型，指导旅游企业利用互联网社会化媒体开展旅游行业营销，意义重大。尤其是，其对中小旅游企业开展实用性实践，在理论研究和服务社会两个层面都有实用价值。

笔者在实践工作中，摸索出了一个创新产教融合视域下的旅游市场社会化营销体系建设的理论模型，即以企业文化故事为核心，以产品文化为沟通内容，以体验为载体，以顾客分享为目标，合理采用社交工具，构建形成包括核心建设团队、全员营销团队、用户分享管理与客服团队的三级工作体系。图 2-1 是按照递进的工作程序形成相互衔接、分工协作的旅游市场社会化营销体系建设模式。

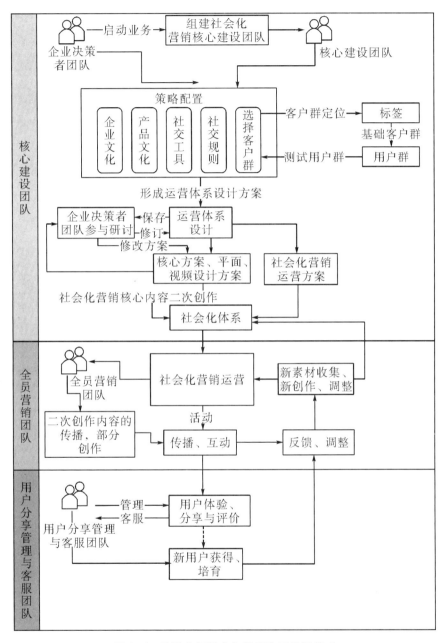

图 2-1 旅游市场社会化营销体系建设模式

目前，社会化营销对企业营销和品牌维护在企业中已经形成了一个相对稳定的业务，也就有了岗位和业务量的需求。而这一需求正是可以通过校企合作，建立生产性实训项目来形成校企双赢的切入点，以实践项目为基础，用现代学徒制的运行方式，在实训中可以延伸到旅游企业经营、产品设计、销售、售前售后服务、危机公关、电商等大部分现代企业经营内容。

然而，尽管社会化营销在旅游行业中具有诸多优势，但大部分旅游企业在实际操作过程中仍面临一系列关键难题，严重阻碍了营销工作的顺利进行。首先，企业规模较小，缺乏专业化的人才。设立专门部门或招聘专业人才所需的成本相对较高，投入产出比不佳，使得企业难以开展相关工作。其次，现有员工需要接受全面的社会化营销在岗培训，前期投入较大，包括培训费用、设备购置和网络资源等。而回收营销成本的周期较长，企业决策者往往难以接受。

为了克服这些难题，旅游企业可以在以下四个方面努力：

第一，加强内部培训。企业应重视员工的社会化营销技能培养，通过定期举办培训班、研讨会等形式，提高员工的专业素养。此外，企业还可以邀请业内专家进行授课，分享成功经验，帮助员工迅速掌握社会化营销的核心要点。

第二，优化组织结构。企业可以考虑在现有部门中设立社会化媒体营销小组，集中管理相关工作。通过明确分工和协同合作，提高工作效率。同时，企业还可以与其他旅游企业或专业营销公司展开合作，共享资源，降低成本。

第三，创新营销策略。企业应不断探索和尝试新的社会化营销方法，以提高品牌知名度和用户参与度。例如，通过举办线上活动、互动问答、旅游体验分享等形式，激发用户参与热情，为企业带来更多潜在客户。

第四，强化效果评估。企业应建立健全的社会化营销效果评估体系，定期对营销活动的投入产出比进行评估。通过对数据的分析，找出优势和不足，不断优化营销策略，提高投资回报率。

总之，旅游企业在开展社会化营销时，应关注其中的难点问题，并通过加强内部培训、优化组织结构、创新营销策略和强化效果评估等途径，逐步克服这些难题，实现社会化营销的高效运作。这样，企业才能在激烈的市场竞争中脱颖而出，不断提升品牌知名度和市场份额。

第三章 产教融合视域下的
社会化营销创业人才培养

　　社会化营销的发展离不开青年人，而大学生选择这一领域开展创新创业也是近年来的典型现象。创新创业的人才培养是一个综合性的系统工程，不同于单纯的知识教学和技能训练，涉及个人心理、职业生涯规划、团队精神等各个方面的教育，更加具有综合性和创新性。

　　大学生在社会化营销领域的创新创业，不仅符合我国政策导向，也顺应了时代发展的潮流。近年来，我国政府高度重视创新创业，为大学生提供了诸多政策支持和实践平台。在这样的背景下，大学生在社会化营销领域创新创业迎来了新的机遇。

　　大学生具有年轻、有活力、敢于拼搏的优势，更容易适应社会化营销的高速发展和变化。他们具备较强的学习能力和创新精神，能够迅速掌握行业动态和新技术，为社会化营销的创新实践提供源源不断的动力。同时，大学生具有广泛的人际关系和社交网络，能够帮助企业快速拓展市场，降低营销成本。

　　然而，大学生在社会化营销创新创业过程中，也面临着诸多挑战。一方面，他们缺乏丰富的实践经验和行业资源，需要在实践中不断学习和成长。另一方面，团队合作和人才选拔也是大学生创新创业的重要课题。一个优秀的团队能够发挥出"1+1>2"的效果，助力企业在社会化营销领域取得优异成绩。

　　为了更好地推动大学生在社会化营销领域的创新创业，各方都需要共同努力。教育部门应加强对创新创业教育的投入，将社会化营销相关课程纳入大学课程体系，提高学生的理论素养和实践能力。企业界要积极参与大学生创新创业教育，提供实习实训机会，传授丰富的创业经验和技巧。家庭和社会也要给予大学生更多的支持和关爱，创造一个有利于创新创业的成长环境。

总之，大学生在社会化营销领域的创新创业具有巨大的潜力和广阔的前景。只要我们抓住机遇，充分发挥大学生的优势，不断克服挑战，相信他们一定能够为社会化营销的发展贡献自己的力量。在社会化营销领域，基于产教融合而创建有效的学生创新创业教育组织开展社会化营销校企合作，引领学生开展社会化营销相关的创新创业活动，构建合理的创新创业人才培养模式，是实现教育链、人才链与产业链、创新链的有机衔接的有效途径之一。

第一节　产教融合是创新创业人才培养模式的基础条件

国外高等院校在创新创业方面有一些成功的经验，但各国高校所处产教融合环境和相关政策的不同，即使是较为成熟的创新创业教育人才培养模式，也只能参考借鉴，不能直接照搬应用。在国外各种不同的特色校企合作系统中，以百森商学院"创新创业课程"和斯坦福大学的"产学研一体化"创新创业教育模式最具代表性。这些创新创业的人才培养模式是与其本国的产教融合体系相适应的，根据我国具体的国情，我们只能在充分学习的基础上，在具有中国特色的产教融合条件下开展创新，建设自己的创新创业人才培养模式。

国内高校在结合国情开展的创新创业人才培养研究中，众多高校通过学生创新能力素质的培养与创业实践技能训练不断完善创客教育的教学体系建设。近年来的研究成果，不断探索职业教育课堂内外课程结合的途径，探索适应新形势的职业教育创新创业综合素质人才培养新模式。

2017 年，党的十九大深入强调了我国教育发展的优先战略地位，将推进教育事业的发展放到了优先级。同年，国务院印发了重要文件，把产教融合发展问题提升到了国家层面并进行工作部署，力求通过促进产业发展和高等职业教育发展的相互融入，以解决人才供应侧和产业发展需求侧的供需失衡的问题。2019 年教育部等相继出台了《国家职业教育改革实施方案》和关于民办教育发展的文件，对产教结合的开展以及民办学校参与产教整合工作等提出了更具体的政策方向，并给出了相应的管理规定。2022 年 5 月 1 日，新修订的《中华人民共和国职业教育法》正式实施，将"产教融合"写入其中，并进一步明确了诸多的要求和举措。新时代呼唤新发展，新职教赋予新使命，作为产教融合的重要主体，高等职业院校特别是民办高等职业院校更应发挥在实施产教融合上的体制灵活优势，从战略的高度出发，探索和实践出一套行之有效的产教融合方法论、路线图。

而在产教融合的实践中，大师工作室在人才培养上肩负了重要职责。大师工作室作为新型校企合作平台，对技能人才培养起积极作用，近年来被应用于职业院校培养人才，多集中在建筑类、设计类等专业。孟韬等（2018）对大师工作室人才培养模式的实际效果做了详细的阐述：大师工作室为政府相关部门、企业、院校及媒体解决了系列技术难题。该研究为技能型人才培养模式变革提供了可行性思路。张金果（2018）提道，大师工作室具有广泛的人才培养优势，她认为，研究其建设目标和实施策略，能更好地发挥大师工作室的主体作用。王飞（2013）基于湘绣专业，对大师工作室人才培养的作用进行研究。李凡（2012）基于大师工作室，对蜀绣技能人才培养方案的构建进行探讨，以大师工作室为载体，构建较具系统化的集保护传承、人才培养、研发与创新为一体的培养模式，推动传统工艺传承与人才培养、产品创新、成果推广等方面的发展。此外，吴萍等（2019）把大师工作室应用到服装专业的人才培养中。仲溪（2015）、张薇（2015）分别以某一具体民族工艺，以大师工作室为平台探讨人才培养模式。胡伏湘（2019）把大师工作室应用到湘菜烹饪人才培养中，以湖南湘菜学院烹调工艺与营养专业为例，对大师工作室的做法与成功经验进行总结，为相关专业提供借鉴。

我们通过国外、国内理论研究和实践探索可以发现，搞好产教融合是高校实现创新创业人才培养模式创新的基本条件。高校与相关产业的企业深度融合，对接产业环境与企业实际资源，使教育教学与生产实际无缝对接，为创新创业人才的成长提供了合理的真实产业环境。

创新创业是一个涉及多专业多角度的商业活动，从创业团队成员组成结构化上分析，一个多元化、多功能的创业团队，应该要求创业团队成员来自不同专业、具备不同技能。同时，这一团队成员应具备正确的思想理念、坚毅的意志品格、积极的生活态度和良好的个人修养等品质。当前教学管理体系下的学生组织结构实际上是无法满足这些需求的。所以，合理的创新创业人才培养体系必须在常规教学体系之外构建一种新的组织形式，使团队成员通过共同有效的规则从不同的院系、专业、年级集聚在一起。这一组织要为创新创业人才成长提供"榜样、模仿、参与、试错、实践"的递进式创新创业学习环境。

根据新锦成研究院《2024 大学生就业质量研究》，国内大学生独立自发地创业比例不高、成功率较低。创业中的商业模式可行性不高、可复制性不高。这与创新创业教育中的案例陈旧、实践偏少、缺乏企业介入等因素有关。通过知名的案例讲解、不切入实践的模拟培养出来的创新创业人才，会缺乏主动思考意识，偏向于模仿。不与具体的市场接轨势必产生不切合实际的行为。这样产生的一些创业案例一般不具有引领后来大学生创新创业的能力与价值。因此，我们需要建设一套具备普遍创新教育意义的人才培养模式。

在产教融合的前提下，有效的组织形式引领和指导学生融入社会实践，使学生有机会发现市场切入点，才能更好地形成创新创业人才培养机制。通过产教融合创新教学方式，大学生在导师合理的指导下，组建多元化、多功能的创业团队，在社会实践、参加大赛以及网络调研工作中，不断打磨创新创业项目，并通过实践案例分析进行创新思维的培养和创新方法教育。让创业活动切实可行又创新突破，才能构建创新创业人才培养有效模式。

第二节　产教融合视域下创新创业人才培养模型设计

现代创新创业实用型人才的培养过程是一个多维度、多层次要素的综合培养实用人才的过程。这个过程旨在培养具备创新精神和创业能力的人才，以适应我国社会经济发展对人才的需求。实用型人才的培养并非仅仅关注创造性思维和实践方法的培养，更重要的是实践能力的创造性培养。这是因为创新和实践能力在很大程度上决定了个人在创新创业过程中的成功与否，在社会化营销领域也是如此。

首先，在培养创新思维方面，教育者需要关注培养对象的发散性思维、逆向思维和批判性思维。这些思维方式是创新的基础，通过不断地训练和引导，使学生在面对问题时能从不同角度进行思考，从而提出具有创新性的解决方案。

其次，实践方法的培养是实用型人才的关键环节。社会化媒体日新月异，必须注重理论与实践相结合，鼓励学生在实际操作中不断尝试、摸索，掌握各种实践技能。实践经验的积累有助于提高学生的创新能力和适应能力，为未来的创新创业奠定基础。

然而，实践能力的创造性培养才是实用型人才培养的核心。在这个过程中，教育者要关注以下五个方面：

第一，激发学生的内在动机。培养学生对创新创业的兴趣和热情，使其在兴趣驱动下主动投入到实践中，从而增加创新成果的可能性。

第二，强化学生的自主学习能力。培养学生具备独立寻找问题、分析问题、解决问题的能力，使其在创新创业过程中具备较强的应变能力。

第三，培养学生的团队协作精神。创新创业往往需要多方合作，培养学生具备良好的沟通、协作能力，以便在团队中发挥更大的作用。

第四，增强学生的心理素质。创新创业过程中面临诸多挑战，培养学生具备较强的心理承受能力，以应对各种困难和压力。

第五，提高学生的综合素质：培养学生的道德品质、人文素养、专业技能等多方面能力，使其成为具备全面素质的创新创业人才。

总之，社会化营销的创新创业实用型人才的培养过程应注重多维度、多层次要素的综合培养，着力提高学生的创新思维、实践能力和创业素质。只有在此基础上，才能培养出真正具备创新创业能力的实用型人才，为我国社会经济的持续发展贡献力量。

要让创新创业人才培养方案具有相对的规模化、行之有效的可复制性，要求创业实践教育活动首先要构建一种合理有效的创新创业组织。组建团队应当具有科学性和可复制性，经过大量的组织模型实验和筛选，完成了"一核三层式项目孵化实训营"组织模型设计，并依托这一模型开展创新创业活动，构建特色的创新创业人才培养模式。

这一建设模型的关键组织机构是在教师指导下建设大学生创新创业实训营。这是一个面向在校大学生的创新创业学生组织。实训营由校内教师以现代学徒制方式指导，与实训营形成密切的指导协作关系。

大学生实训营成员来自自愿参与创新创业活动的学生群体。具体招募做法是在新生入学后，经过宣讲和自愿报名，在实训营老队员带领下，形成不断更新的实训营队伍。实训营队员按照进入实训营的时间和参与工作情况，被划分为四种学徒：初级学徒，即参加实训学习的新学徒；中级学徒，即参加过一些实践的、有一定经验的学徒；高级学徒，又被称为商咖学徒，指有一定实战经验的学徒；出师学徒，即已经具备创业能力的学徒。这四种学徒分别对应了解和参与实训、参加项目运营、主持运营、创业并初步成功四个创新创业人才成长阶段。

在教师的协调下，实训营中新老队员组成的创新项目团队通过各种活动不断对接企业资源。学生团队以典型的创业项目为基础，形成连环创业孵化环境，发展项目并培养创业者和创业体验者，逐步孵化为创业企业。创业团队孵化建设的项目实现一定的商业收益，所有参与学生通过项目管理核算合理分配利益，其背后的企业同时也获得一定的收益。

实训营成员按照学徒身份，在实训营的各种项目中分别处于不同的工作层次。组织的创业项目以项目创始人为核心，分为三个层次吸收学徒，也称"一核三层"式团队管理。项目核心层由出徒学徒或者高级学徒即项目创始人组成，他们实际上是项目的管理层；核心层的学徒吸引高级学徒和中级学徒组成运营层；核心层和运营层招募各种学徒，让他们成为项目参与者，形成参与层。

以相关产教融合理论和笔者指导团队产教融合实践探索为基础，开展研究并创新的"一核三层式项目孵化实训营"组织结构，如图3-1所示。

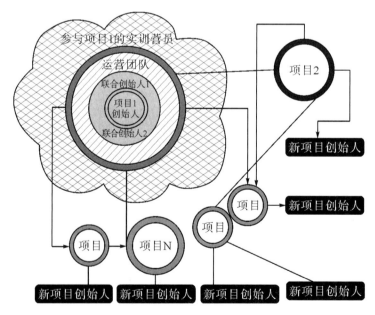

图3-1　"一核三层式项目孵化实训营"组织结构

（注：浅灰色部分为核心层，斜杠部分为运营层，格子部分为参与层）

"一核三层"式团队组织模式在项目孵化中，从人才培养的角度实现了：在核心层，培育一名创业者和他的核心团队；在运营层，培养实训营中有一定创业能力的学生成为项目运营成熟队员；在参与层，培养一大批组织实训营中新成员，通过外围团队，参与项目的运营，完成初步培养。

在这样的组织和指导下，实训营成员以老带新的方式，在企业提供真实工作项目或者企业需求内容后，在校内、外导师的指导下组建团队，设计创新创业项目，并自愿组合开展运营实践以孵化创业企业，项目均面向社会实际运营，自负盈亏。

随着项目成熟，孵化项目进入社会后老队员退役，每年都更新核心成员和参与队员。实训营制度和工作内容要通过研究和实践不断完善，形成常态化工作内容，包括：每学期几次统一培训、不定期的企业家创业案例分享、经常与大师合作和参与企业推介，营造创新创业氛围；平时有针对性地进行个性化引导，结合企业需求招募组建合理的创业团队与大师或者企业对接；在校内教师组织引导下，完成创业项目设计并开展运营，采用什么形式整理项目参加各种创新创业大赛。

第三节 "一核三层式项目孵化实训营"创新创业人才培养模式的可行性

"一核三层式项目孵化实训营"创新创业人才培养模式，基于产教融合，由学校引导和组织合理的创新创业组织，构建企业环境和创新创业环境。笔者与创新创业教育课程体系紧密结合，组织学生团队参与创业活动，通过培育有示范性的创业者和其核心团队，孵化项目并培育潜在创业者，通过不断裂变扩大创新创业成果，形成创新创业人才培养新模式。

一、基于当前创新创业文献和实践育人典型案例

当前的国内外理论成果丰富，值得借鉴。笔者从众多研究中汲取组织实践的实践育人经验，并通过实际调研和研讨，对照当前的实践育人典型案例，完成对本书的理论探索，形成创新的"一核三层式项目孵化实训营"组织结构，从而得出本书的基础理论成果。

二、基于系统论

职业教育是一个由众多产业要素与教育要素形成的复杂系统，也具有典型的社会系统特点。例如，企业根本的诉求是利益，高校的核心使命是教育。协调二者是形成大学生创业活动组织的关键。本书将依据系统论思想，探索基于"双主体"大师工作室形成内外衔接机制，构建合理产教融合机制，实现双方的实时对接和利益相互让渡。对企业而言，能够拥有一批新劳动力，在大学生的生产性实训中实践活动，让他们以学习为目的，持续为企业工作输出，企业将进入低成本、高效率或者无成本、高效率的状态，这满足了企业在利益上的诉求。对大师工作室而言，与企业达成长期的合作关系，可利用企业资源，对学生进行生产性实训教学培养。

三、基于社会学理论

我国职业教育领域已经在校企合作方面开展了很多探索，取得了一定成效，但同时也有很多失败的教训。社会学理论的观察、实验和比较方法提示我们，失败的原因在于忽视了职业教育中的生态问题。由于利益和责任的冲突，很多校企合作流于形式和表面的问题，产教融合并未深入实现，出现企业觉得职业院校对企业帮助不大、职业院校在职业教育中参与程度不足等问题。当重视教育生态环境，平衡多重关系后，寻找职业教育与产教融合的全新视角，建设"一核三层式项目孵化实训营"，使产教双方有了协同工作的结合点。

笔者从 2016 年到 2022 年，选取了三所院校的商科专业进行了实践实证。由于商科院校的人才培养需要的真实商业环境相对容易建设，商务实践过程中的成本相对较低，技术要求和安全性要求不高，本书选择商科院校进行实证，基于产教融合为创新创业人才培养提供基本商务环境，既有代表性，又有实证可行性。难点在于如何把学生充分调动起来，按照各自不同的条件和愿望，有针对性地开展培养，通过适合个人发展的实际商务活动，完成覆盖全体学生的创新创业人才培养。

笔者对学生从入学到毕业期间进行这一模式下的培养实践。学生加入实训营，按创业项目参与运营，通过试错孵化、项目参赛等方式，实现人才培养中的理论与实践相结合。项目均面向社会实际运营，自负盈亏。在创新创业活动中，完成对知识的深入实际的学习和能力转化。特别地，把职业道德、职业素养与日常工作结合，提升了课程思政水平。

这一模式中协调企业资源开发真实商务实践环境，推动了学生对知识的深入学习和能力转化。创新创业实训营中，校内、校外指导教师践行现代学徒制，通过亲手指导创业项目设计运营、调配资源、辅导创业项目参加创业比赛、孵化股份制企业等方式，完成实践育人。

该模式结合了与专业相关的产教融合实际，使各专业学生在校期间开始通过与所学专业契合的现代学徒制参与生产性实训，参与企业真实商业运营。其既可以满足学校专业教学与学生专业对口创业的需求，也满足企业需求，服务于企业、学校、学生三方。其把职业道德、职业素养融入日常创业辅导过程中，结合专业知识的转化提升理论实践转化和课程思政水平。

基于产教融合条件下，通过"一核三层式项目孵化实训营"的组织结构，组织学生合理开展实践，可以有效开展创新创业教育。其形成了企业与院校产教深度融合且双赢的机制和规则，通过特色生产性实训与创业孵化项目实践，实现了创新创业的人才培养。

教育并不能完全决定被培养者的未来发展，而是培养了其基本的知识技能和相关品质，使其在某个发展方向上更具有优势和基础。要培养出数量可观的、具有创新创业素质的复合型高职人才，创业人才的职业素养培养是其基础。培养的人才不仅有技术实力、有灵活就业能力，还要有理想信念、道德情操、家国情怀。这就要求高职院校全面关注学生的素质培养方法，重视课堂教学与课外实践以及非正式学习环境的协同教育，创新高职学生素质培养模式。

第四节 基于创新创业的社会化营销人才培养实践

目前很多企业重视社会化营销，并在营销和品牌维护工作中形成了一些相对稳定的业务，从而产生了很多岗位和业务量的需求。而这一需求恰可以通过校企合作，建立生产性实训项目来实现校企双赢的切入点，这也是进行生产性实训的主要内容，以此实践为原点，以现代学徒制为运行方式，在实训中可以辐射和延伸实训的内容到旅游企业经营、产品设计、销售、售前售后服务、危机公关、电子商务等大部分现代旅游企业经营内容。

笔者结合高职院校职业教育特点,成立了"花事里旅游电商工作室"等工作室,并以此为依托,努力发挥产教融合的优势,利用工作室链接产业生产实际,在几所高职院校组织学生团队开展创新创业工作参与社会化营销实践,同时为自己的教育教学提供生产性实训内容。笔者通过"一核三层式项目孵化实训营"模式,开展相关社会化营销实践。

下面是三个典型项目简介:

一、"陶器煮意"项目

该项目关注坭兴陶与六堡茶两个广西传承千年的"非遗"宝贵财富,以特色"古陶煮茶"品茶方式为依托,深入挖掘茶叶茶梗的应用,通过使用广西特产坭兴陶进行特色煮茶、煮水泡茶,开发坭兴陶加热功能与六堡茶茶梗应用的附加经济价值,挖掘中国传统煮茶养生文化,营造茶、水、火、器"四合其美"的意境,以"古陶、布衣、煮茶"为休闲情景,推荐与时俱进的古韵生活态度和情趣。

该项目销售茶与器组合产品,以及开发自有品牌的茶梗制品,开展线下五类人员免费茶艺技术培训并推荐就业,进而带动制陶和茶产业人员脱贫致富。项目已经拥有位于钦州和南宁的两家直营线下连锁店,贫困县南丹有两家加盟店。

2019年7月,项目组已经注册公司——广西南宁市微谋科技有限公司。项目应用互联网开展O2O互动运营,各地开设体验场馆连锁加盟,通过开发销售小程序实现合作终端、合作企业与销售人员实时分账。项目在线上将淘宝店与微店作为另外的销售渠道。项目还开展公益众筹、免费制陶手艺培训、茶艺培训、茶研学旅游、煮茶茶艺比赛、青年煮茶微视频展演等,进一步推广煮茶文化。在打造广西"名片"的当下,该项目创新商业方式,以组合营销品牌"陶器煮意"助力扶贫,让扶贫产品走出大山。

二、"田上云圩"项目

"田上云圩"项目是以旅游电子商务实践助力乡村振兴的公益项目。该项目立足于团队以实干践行"成就学生"与"服务'三农'"的双重使命,通过旅游目的地营销、旅游商品品牌设计、旅游产品展示、信息发布、顾客服务、产品策划、产品运营、技术支持、网络销售等方式,坚持把现代农技送到田间地头,把现代技术和现代的运营理念运送到贫困地区，为脱贫致富开拓新途径，为乡村振兴注入新能量，同时项目还可以为学校培养专业人才，提供"产教融合"实践资源。项目具有"输血"能力，也有"造血"能力，在助力乡村振兴和服务社会方面有着强大的发展活力和无限的发展潜力。

"田上云圩"项目组成立之初是由几名学生组成的团队，随着团队规模的扩大，成立了公益性组织"微谋实训营"。项目的运作模式日趋成熟，项目的影响力逐渐增强，最终成为学校和贫困地区政府信赖的公益项目。该项目经过几年的发展，形成了自己的运营模式，受到了学校给予的资金、资源支持。现在该项目已成为广西国际商务职业技术学院"产教融合，实践育人"的项目之一，每年项目团队都进行实践学习，团队成员与学生共同深入广西贫困地区，亲身实践农村旅游电商实际。项目成立至今，参与项目实践学习的人已有300多人。该项目还与许多贫困地区的政府达成合作关系，由当地政府对接农户并提供各种资源；在此期间该项目在电商助农的方面还对当地电商体系的建设提供一定的技术支持。

三、"凌云问茶"项目

广西凌云白毫茶因其特殊的茶树品种特征及受地理气候影响，有"一茶六制"的品种特点，品质优越。当时广西乃至全国的茶产业中，还没有一个涵盖六大茶类的集种植、生产、加工、营销为一体的，能够全方位代表中国茶文化的品牌。项目团队以此为契机，着力开发"中华六色茶"品牌，将"一茶六制"成果进行转化落地，并将六大茶类的中华茶学文化融入其中，打造独具中华特色的中国茶品牌。

该项目依托广西正道茶业有限公司，着力打造"人善茶方纯"的价值理念，发挥本地特色树种优势，挖掘"六色茶"核心竞争力，打造"中华六色茶"核心品牌，实现以茶促教，以茶富农，以茶兴旅，以茶承情。同时，该项目进一步研发茶叶副产品，提升产品附加值；设计茶文化研学路线，整合价值产业链。

项目以"慢直播、快视频"的视频营销、建立城市茶空间线下体验店、打造社交媒体粉丝营销以及新型跨境电商的营销形式，将中华六色茶品牌推向全国，走向世界，打造具有中国特色"一茶六制"茶品牌，并以国际贸易发展促进中国茶的销售及中华茶文化的传播，提升国际影响力，为推进文化自信自强和乡村振兴作出贡献。

第四章 网络营销创新创业人才
培养中的校政企三方协同机制研究

组织创新创业活动、开展创新创业教育，是当前高校教育中的重要环节。以社会化营销为主体的网络营销类商务项目本身具有轻资产、重创意、在线协同等特点，非常适合大学生做初步创业探索；大学生创新意识前卫、网络技术良好，也使企业比较看重学生群体的智力资源，加之有学校的背书，企业对与学生合作比较放心。所以，网络营销类的创业活动是非常适合在校学生与企业合作的。在指导创业项目孵化中，我们开展了两种类型的网络营销项目协作探索和实践，一类是对普通企业与在校学生合作的网络营销类创业项目，另一类是对高校集聚区的共享街区环境下学生与企业合作网络营销类创业项目。我们通过这些实践探索，形成了合理的校政企三方协同机制。

第一节 网络营销类创业中的校政企三方协同机制探索

随着短视频与直播的发展，社会化营销再次被广大中小企业热捧，纷纷运用来开展电商和网络营销业务。其中最流行的有微信视频号、抖音、淘宝直播等短视频与直播平台、具有分享与直播功能的电商平台等。企业的目的是建设自有 IP 的网络营销或者电子商务网络工具，从而建设自己的直接销售渠道。而在大多数中小企业中，其营销团队建设都希望与大学生合作，共建网络营销类商务项目。这种市场需求使网络营销类创业项目成为新热点。

网络营销类创业活动包括通过社会化营销工具、网络技术、网络推广技术等开展的网络营销活动，以及电子商务业务相关的网络推广类创业活动。这类项目往往不需要太多的硬件投入，甚至不需要线下协作办公场所，除了项目初期需要线下沟通，基本上通过网络沟通、线上协作就可以完成大部分工作。因此，即使企业与学校相隔万里，也可以通过网络与在校学生团队形成合作。这就催生了大量的网络营销类校企合作的创业活动。一般企业只需要经过几次接触和商谈，确定合作基础内容、具备基础条件，就可以组织团队开始常规性的合作了。这一类创业活动由于需要合作意向、企业诚信、学生团队素质等方面的背书确认，必须得到校政企三方的协作支持，所以合理顺畅的三方协同机制建设非常关键。

　　创业活动中校政企三方协同机制的探索，不同于其他专业领域的协同机制研究，借鉴相关通过"校企室"三方育人主体的现代学徒制试点进行的机械制造类育人多方协同经验；"校政企"共建协同育人中心的体制机制等探索，创造性地探索学校、政府部门和企业之间的主辅角色关系，确立了协作中三方的"学校发起、政府搭台、企业主持"的基本关系定位。首先，学校是教育的主导者，孵化创新工作是学校的责任和义务，作为活动发起者，责无旁贷；其次，实践表明，政府部门有资源，但这项工作不是其主要日常工作内容，也没有足够的人力资源，其优势在于搭建沟通桥梁，把握合作方向；最后，企业是直接受益者，也是风险承担者，企业主要从市场的角度进行项目合作，学校和学生团队必须足够尊重企业的利益。

　　基于这种关系定位，在网络营销类创业活动中的校政企三方协同机制构建，首先要基于学校开展教育工作的责任和义务，学校应当制定相关规定，支持来自学校的各种学校工作室、相关专业教研室和学校创业管理机构的教师团队积极组织创业工作。在实际工作中，教师团队首先要主动对接政府部门和企业，积极组织学生开展市场调研，找需求、寻合作，为学生创业提供第一手的信息。创业活动直面市场，有经济效益要求，这也对学校各种教师团队提出了很高的要求，即教师团队中必须有实践经验、必须懂得市场规律的"双师"人才，整个团队还要有较好的商务创新意识和良好的沟通能力。只有这样的教师团队才能获得企业的信任，这样的教师团队的老师才能真正地成为学生创业的导师。其次，政府相关部门是有支持创新创业活动、服务企业校企合作的基本责任和积极性的，但研究中发现政府部门因工作量大、专业人才不足等原因，与院校开展有针对性的项目衔接的能力不足。这就要求必须由高校积极主动，牵头创新创业工作，积极形成信息沟通的渠道。学校的创业具体执行部门（教师团队）是创新创业活动的发动者，要从大局把握市场需求和商业动态，从学生和企业的具体需求发现商机。要主动对接政府相关部门，积极开展信息的收集和交流，在政府部门协同下，与相关企业形成密切联系。

企业是从市场的角度看待创业项目与合作的，因此企业人士更具有敏锐的眼光和商务经验。在学校和政府部门支持下，要充分尊重企业发展需要，以企业为主开展项目调研；要引导学生倾听企业管理者的意见，以对企业高度负责的态度开展工作，确保创新具有市场价值的项目，并保证其可持续性发展。

特别需要指出的是，学校通过派教师前往政府相关部门挂职的方式，可以形成长期的学校专业教师与政府部门的关联，从而保证了信息渠道的畅通；随着教师与政府部门人员的密切沟通，可以更加方便地不断获得企业资源，形成要关注的企业资源库。有了这一基础，在创新创业工作中，教师和政府相关人员就能更多、更及时地为有相关需求的学生团队提供基础信息，并指导学生团队与企业形成协作。

第二节　普通企业与在校学生合作的社会化营销类创业项目孵化实践

这里的普通企业指非高校集聚区的和与学校有校企合作的合法企业。这些企业分布在各行各业，一般与学校没有直接的协作关系。它们由于数量极大，在网络营销类（以社会化营销为主）创新创业工作中，是大学生创业团队重点寻找的合作企业。

基于校企协同开展的网络营销类创业实践，分别在广西壮族自治区一所高职院校和黑龙江省的一所高职院校展开。两所院校的教师工作室分别组织学生创业团队，发起网络营销类的创业实践。实践根据初步设计的校政企三方协同机制，以高校为主角，紧紧依靠政府部门的协调，对接企业与学生团队，开展了大量网络营销类创业活动，取得了良好的效果。

2019—2022 年，两所院校的教师团队组织了企业与学生团队线上、线下对接 30 余次。这些对接均由教师团队与政府相关部门前期接触，获得基本需求和企业意向。例如通过城区文广体旅局联络相关文化与旅游、体育相关企业，通过座谈、线上互动，建立较为广泛、互信的联系。在交流中，教师团队积极对接企业与学生团队，并先组织线上交流，然后通过协商组建项目组，走到线下洽谈。3 年间实践形成有意向的网络营销类创业项目 19 个，落地实施项目 9 个，成果孵化企业 3 家，完成合作项目 6 个。

实践中，校政企的协同实践涉及了文旅、电商、涉农商务等多个领域，学校创业组织部门，政府相关部门做了大量指导和沟通工作。这些实践充分验证了校政企三方协同机制的可行性。

第三节　基于高校集聚区的网络营销类创新创业项目孵化实践

国内外关于高校集聚区开展创新创业的研究和实践都比较成熟。对高校集聚区中网络营销类的创业活动研究在产教、专创双融合方面也较深入；在结合大学集聚区产教融合企业的需求开展人才培养等方面也有较多研究。高校集聚区位于高校周边，集聚区内企业由于地理位置的优势，除了在各种资源的整合方面有规模优势，在当前产教融合的发展中，也有着紧密连接高校和可以提供企业联合资源的先天条件。另外，真实的商业环境对高校而言是重要的非正式学习环境资源，是创新创业活动的天然课堂。

高校集聚区作为创新创业的重要载体，已经在全球范围内得到了广泛的关注和研究。在我国，高校集聚区的创新创业活动更是得到了政府和社会各界的大力支持，形成了丰富的实践经验和研究成果。

首先，在高校集聚区内，网络营销类的创业活动得到了深入的研究和实践。人们已经认识到，产教融合、专创双融合是推动高校集聚区创新创业活动的重要手段。这种融合可以实现教育资源和产业资源的优化配置，为创新创业提供强大的支持。

其次，高校集聚区在结合产教融合企业的需求开展人才培养方面也有较多的研究。这种人才培养模式，以产业发展为导向，以实践能力为核心，能够有效提升学生的创新创业能力，为区域经济发展提供有力的人才支撑。

再次，高校集聚区还具有独特的地理优势。由于位于高校周边，集聚区内的企业在资源整合方面具有规模优势。在当前产教融合的发展趋势下，这些企业可以紧密连接高校，共享高校的科研资源和人才资源，为自身的创新创业活动提供强大支持。

最后，真实的商业环境对高校而言是重要的非正式学习环境资源，是创新创业活动的天然课堂。在这种环境中，学生可以亲身体验到市场竞争的残酷和商业运营的复杂，从而更好地理解创新创业的真谛，提升自身的实践能力。

总之，高校集聚区在创新创业方面具有独特的优势和丰富的实践经验。通过深化产教融合，优化人才培养模式，发挥地理优势，以及充分利用商业环境资源，高校集聚区可以为我国的创新创业事业继续贡献力量。在未来的发展中，我国应继续加大对高校集聚区创新创业活动的支持力度，推动其实现更高水平的发展。

因为在高校集聚区，比较容易形成周边企业与院校产教深度融合，并建立双赢的机制和规则。这一环境下由于政府和企业围绕高校的需求开展工作和业务，在高校集聚区的校政企三方协同是水到渠成的事情。

在政策倾斜、企业指导等方面，基于高校集聚区的实践还有天然的优势和特殊意义，尤其是政府部门的作用依旧不容忽视。例如：在学校所在城区的某商业街区开业活动中，为促进经济发展，政府部门主动与企业、教师团队沟通。学校相关工作室教师团队立刻开展市场调研、可行性论证，最后通过生产性实训的方式组织了近百人的学生直播团队参与了该街区的抖音团购网络营销活动。基于这次活动，再深入对接学生团队和企业的需求，并形成了一个新的网络营销创业项目。

高校集聚区的实践涉及多所高校周边企业，都取得了较好的效果，充分验证和展现了校政企三方协同机制的合理性和作用。

第四节　校政企三方协同机制下网络营销类创新创业项目的特色

在校政企三方协同机制下，根据网络营销类商务活动的特点，充分发挥大学生在网络营销类创新创业领域的优势，有效组织，正确引领，可以形成良好的网络营销类创业孵化条件，并逐步打造特色，即多维创新、产学双用、实践育人。

特色之一：开展多维创新，突破传统格局。

基于校政企三方协同机制下网络营销创新创业活动，可以实现很多维度的创新。首先是组织创新。通过创建学生创业组织，针对不同相似项目进行组合团队，不同年龄、不同专业的学生合作，实现了结构化组合及相互教育，这种组织上的创新是常规教学所不能的。其次是商务模式创新。在校政企三方协同下的网络营销创业活动，可以发现与常规商业模式不同的新突破，超越传统格局，寻找商业模式新突破；而在高校的组织下，教师也比较容易获得企业经营中的资源，经过整理形成生产性实训教学资源，反哺教育教学。这种多维的创新，突破了传统教育教学方式和格局，使网络营销类创业活动更加具有活力，更加吸引学生和教师参与，进入一个良性循环。

特色之二：实现产学双用，企业学校双赢。

产学双用是指在孵化和指导网络营销类创业项目，既可以满足企业生产运营的需求，又能够满足教育教学的需要。在企业提供真实工作项目或者企业需求内容后，在校内外导师的指导下组建团队，设计创新创业项目并开展运营。这是一个真实的商业项目，同时教师可以整理项目内容，这些内容被建设为教学资源。

校政企三方协同机制下网络营销类创新创业项目诞生于校企合作的环境，决定了其具有产学双用的特点，实现了企业和学校的双赢。

在实际工作中，要求教师团队提前介入创业项目的策划中，兼顾企业与学校的利益，做好产教融合过程中的一体化设计。只有坚持紧密结合产业生产和坚持服务职业教育这两个方向，并兼顾企业需求和学校教育需求进行适度平衡，才能让网络营销类创业项目既具备商业价值以服务社会，又具有教育教学功能，反哺教育。

教师团队"双师"的身份是这一特色形成的关键。成为这种"双师"不是获得双师型教师职业资格证书就能满足要求的，教师必须有足够的企业实战能力。例如教师团队接受企业委托后，要与学生有能力快速做出反应。以下是笔者为两个文化场所做的社会化营销规划方案。

2022 年百福源自助茶空间规划方案

"百福源自助茶空间"是一个提供茶文化交流的自助式创新经营场所，

在 2022 年 3 月启动。

一、规划背景

随着智能技术、移动终端的发展，人们对购物过程中个性化、即时性、便利性、互动性、精确性和碎片化的要求的逐步提高，商业时代的格局来到了新零售模式。所谓新零售模式，就是以消费者的体验为中心的经营理念，通过"人货场"的重组，实现数据化、个性化、定制化的商业模式。

伴随而生的共享经济，已经成为当前社会服务行业内很重要的一股力量。在住宿、交通、教育、生活服务以及旅游领域，优秀的共享经济公司不断涌现：从宠物寄养共享、车位共享到专家共享、社区服务共享、导游共享，甚至满足移动互联网需求的 Wi-Fi 共享。新模式层出不穷，在供给端整合线下资源，在需求端不断为用户提供更优质的体验。

在新零售情景中，线下门店的主要使命将不再是卖货，而是让顾客体验商品，为品牌聚集人气以及为线上销售引流。在新零售时代，成交成为消费体验过程的"附属品"，只要有了好的体验，成交便是一个水到渠成的结果。

位于哈尔滨市群力茶文化网红街区"银泰·集茶巷"内，银泰城悦坊 2 号门右侧的"百福源自助茶空间"敏锐地发现了这一新动态。该店可实现微信公众号扫码自助预约，门店内无员工。消费者可以喝茶、读书、听音乐，在门口售卖机自取茶品零食。运用新零售模式来推动消费体验的升级，推进消费模式的变革，通过共享茶空间来构建哈尔滨茶行业市场的新生态格局，是"百福源自助茶空间"进行的一次新零售业下茶与茶文化融合的创新尝试。

现将面市的"百福源自助茶空间"，由于商圈的不成熟等，已做了为期一年的整体经营规划方案，以期通过具体的策划和执行，达到增加店铺知名度和流量，提升店铺主理人邵女士在茶行业中的位置的目的。

二、SWOT 分析

该店是一个新模式下的商业场所，项目的评估按照 SWOT 分析如下。

优势：哈尔滨市首家定位于新零售共享经济模式的自助茶空间，在经营理念、用户的体验上是独一无二的。同时和同行业的其他商家相比，共享空间的运营成本相对较低。产品多，既有各类茶，也有小吃零食。店主自身的社会资源丰富。店铺地处于群力新区，人均消费水平高。此外，该店是所在城市认可的茶文化发展基地。

劣势：店铺自身的空间不够大，三个包间不太适合做室内读书会、沙龙、茶道课等文化输出内容。产品体系不够明确。

机会：中国传统文化传承，茶行业百家争鸣。尤其是，茶本身文化属性特殊，兼容性强。目前在哈尔滨市场茶行业没有领军人物或领军品牌。

威胁：茶文化网红街区还没有形成规模，客流量不大。同样区域内也有许多茶商，同行业的竞争压力不小。

三、基础规划

作为黑龙江省首家新零售业共享经济下的自助茶空间，该项目规划定位于高雅文化传播与新零售售卖场所。

项目主理人邵女士的经营理念是：利己利他，行善念而泽生意，传播一种国学智慧的生活方式。

基于这样的条件，可以把"百福源自助茶空间"的经营理念进行规划整理，其核心是"茶人精神"，即传承融合，践行国学。

茶人，原是指直接从事茶叶采制生产的人，继而又发展为从事茶叶产制贸易教育科研事业的人。"茶人"两字，最早见之于唐代诗人皮日休《茶中杂咏·茶人》诗中。随着社会的发展，茶的传播和茶文化的弘扬，茶人队伍不断扩展，茶人的内涵也在扩大。

四、企业价值观和企业宗旨

价值观：尊重、本真、感恩、共赢。

宗旨：以茶为中心，致力于打造融合东方美学和人文情怀所构成的茶空间，推广现代人崇尚的茶道美学和健康的生活方式，复兴和发扬从茶养生到茶品鉴，再到茶生活的生活美学。

（一）营销场景规划

在银泰城悦坊商场内，以本项目为引领，打造一张黑龙江茶行业的名片——"百福源茶市集"，每个月举办一期，连续举办12期。内容几乎涵盖茶文化的所有内容，比如：茶叶、茶器、茶食、茶艺表演以及茶文化延伸内容（如书法、国画、汉服、手作等）。具体联合商场招商，各方资源加入。

（二）个人IP规划

力图将邵女士打造成茶市集的主理人，设立一种人设。通过每次集市开始和结束的致辞，把"百福源自助茶空间"的知名度打开，将邵女士致力于推广茶生活的经营理念推广、宣传出去。

（三）营销工具规划

1. 通过花事里网络营销工作室的官方自媒体账号以及各种合作媒体，发布营销内容和活动信息。

2. 百福源自助茶空间的微信公众号以及其他线上账号。注意要将微信公众号整体联动，对每期的发布内容做整体规划，用来打造邵女士的个人形象，宣传空间理念，及时将线下活动发布出去。

3. 线下活动时到场的其他媒体资源。

（四）相关产品与客群细分

1. 服务产品。

出售百福源自助茶空间的三个空间的使用权，以及自动贩卖机里的方便茶包以及小食品。相应客群是年轻时尚的人群或者商务人士。销售形式有两种：一是按小时付费或者美团新客体验价；二是办理会员。

2. 实体产品。

通过自动售卖机，销售的各种系列的茶，用户群是老客户或者对茶有兴趣的人群。

五、营销概要设计

"百福源茶市集"在每月初举办。部分主题详见表4-1。

表4-1　"百福源茶市集"主题（部分）

序号	月份	主题（暂定）
1	4月	生生不息的春天
2	5月	母亲节
3	6月	儿童节
4	7月	小暑节气
5	8月	大暑节气
6	9月	立秋

商家利用活动获得新客户群，借助线上资源开展精准的社群营销。商家通过建立线上社群，便可以将这一群审美情趣相似的人聚集在一起。这不仅仅便于后期活动的推广，还利于产品的营销。粉丝彼此之间成为朋友的可能性也很大，因为在社群里遇到能聊得来的人的概率自然要比在其他

地方高。他们会对商家充满感激，因此也会对这个品牌更加忠诚。运作维护这样一个顾客群，便于组织线下活动。

六、相关合作说明

与花事里网络营销与策划工作室合作中，建议明确如下问题：

1. 自动贩卖机里的两个位置，放置花事里自主茶品牌，销售忆田上的红茶和茉莉花茶。

2. 在不影响正常销售的情况下，开放线下门店的使用授权。

2022 年 1 月 27 日

2022 年盛棠小院规划方案

盛棠小院是一家提供国学文化交流与生活美学的经营场所，在 2022 年 4 月准备启动。

一、规划背景

随着全域旅游的发展，生活与旅游的边界逐渐模糊。疫情之下，全世界像被按了暂停键，高速奔跑的人们开始重新思考人生的意义是什么，智慧的生活是什么。在中国传统文化传承，百家争鸣的行业背景下，结合店主杜女士利己利他的初心，已经筹备和试营业一年的盛棠小院开始进入商业化运营准备期，因经济形势和本店特点，推出为期一年的整体经营规划方案，以期通过在此框架下的运营，达到增加盛棠小院知名度和流量，建设稳固线上营销工具，提升经营效率的目的。

二、SWOT 分析

该店是一个新理念下的商业场所，项目的评估按照 SWOT 分析如下。

优势：哈尔滨市首家定位于国学文化交流与生活美学的空间，装修精美，空间容量足够大。商铺适合做室内读书会、沙龙、茶道课等文化输出内容。同时，店主杜女士自身的社会资源丰富。店铺地处道外区桦树街门市，交通便利。

劣势：项目资源有点散，产品体系不够明确。门店没有稳定的项目收益。

机会：中国传统文化传承背景下，国学智慧生活的特殊文化属性兼容性强。目前在哈尔滨市场上没有特别有名的从业者。

威胁：周边街区还没有形成规模，客流量不大。

分析结论：该场所适合定位于智慧生活传播与售卖场所，面向有一定智慧生活追求的人群、有信仰的人群。

三、商业模式与收益

商业模式设计：产品销售与服务类，以黏性社交电商为主，兼顾网络营销和电子商务业务。

项目采用线上线下双运行的方式。线上"抖音号+抖店"（宣传引流，面向有刷短视频习惯的陌生流量）和"微信公众号+微店"（覆盖微信群用户）形成交易闭环。

在线下，项目通过组织读书会、沙龙、私厨、茶体验等交流活动增加人气。目前的线下收益来源有美团售卖的两处茶席，以及香、茶、手作，并寻求营销服务收益。因此基本思路就可以定为：线下以扶持工具建设为目标，实验性开展线下销售，不以当年盈利为目的。

基本工作以季度为单位设计。每个季度完成一个工具的进阶。年底完成工具组合基本建设，产品销售完成用户数据积累分析和产品调整，能够满足电商要求。每年"双11""双12"是电商热点，所以设定10月进入电商试运行状态。两组工具以2 000、5 000、10 000粉丝为节点目标比较合理。

四、基础规划

作为黑龙江省首家提出国学文化交流与生活美学的经营场所，本项目规划定位于智慧生活传播与售卖场所。店主杜女士的经营理念是：利己利他，行善念而泽生意，传播一种国学智慧的生活方式。

基于这样的背景，我们可以把盛棠小院的经营理念进行规划整理，表述为"一种精神，两个支点"。一种精神：核心是"修行精神"，即修正自己，践行国学。两个支点包括价值观和宗旨。价值观：利己利他，感恩共赢。宗旨：以国学文化为中心，致力于打造融合东方美学和人文情怀所构成的空间，推广现代人崇尚的智慧生活方式。

（一）营销场景规划

1. 将盛棠小院打造成生活美学的IP，致力于智慧生活的理念推广、体验。在场内，以国学文化交流项目为引领，每个月举办2~3次，内容涵盖各种读书会、沙龙、茶道课等。另外，内容还可包括文化延伸，比如书法、国画、汉服、手作、私厨等。

2. 一楼空间，做沙龙、读书会等活动。

3. 二楼空间，结合杜女士的菜园，可以准备一桌私厨，每月更新菜单内容来吸引客人。

4. 二楼空间，可以将两处茶席位置收拾完毕，挂在美团平台上销售，按小时付费，客人也可以自带茶。这样做：一是，扩大同城知名度，打广告；二是，为了盈利目的，解决基本店铺开支。

（二）营销工具规划

1. 盛棠小院的"抖音号+抖店""微信公众号+微店"。

"抖音+抖店"，用来宣传引流，面向有刷短视频习惯的陌生流量。"微信公众号+微店"，覆盖已知微信群用户。两者形成交易闭环。

我们要注意将微信公众号整体联动，为每期的发布内容做一个整体规划，用来打造宣传空间理念。同时及时将线下活动发布出去。

抖音号定位为分享智慧与舒适之美。账号结合店主的书商资源，主做读书心得分享，用几句话来介绍一本书。账号将体现空间景致搭配之美、私房菜摆放之美、茶香雅意之美。

2. 线下活动时到场的其他媒体资源。

3. 通过张春华经营的"花事里旅游电商工作室"官方自媒体账号以及各种合作媒体，为"盛棠小院"增加流量。

（三）相关产品与客群细分

1. 服务类产品。

两处茶席：面向美团同城顾客。

一桌私厨：面向杜女士的朋友圈。

2. 实体产品。

书：线上销售，线下象征性摆放。

香：建议有体验小包装，十根一包。

茶：可以引进各品类。

手作：全部面向读书会、沙龙人群。

四、营销概要设计

（一）线上、线下互动设计

线上：用分享图书视频做引流与线上销售。

线下：用读书会、沙龙来聚集人群、提供私厨服务。

（二）营业辅助建议

通过美团，销售茶空间，增加同城知名度。

（三）工具建设周期设计

1. 拍出一定量的视频，抖店上架好图书。

2. 微信公众号准备至少 8 期，以预热。每月发布 2~3 期即可。

3. 将牌匾、店内 logo 醒目地张贴出来。

4. 打扫线下店铺，做好简单装饰与收纳，好开门迎客。

5. 空间运转起来后，每天店里至少有一人常在，此人应有服务与经营意识。建议相识好友轮岗。目前，朱薇薇（周一）、张春华（周三、周日）有时间。

五、相关合作说明

1. 在与花事里网络营销与策划工作室合作中，建议明确如下问题：经营场所中一、二楼各一个位置，放置花事里自主茶品牌，销售忆田上的红茶、茉莉花茶、六堡茶三种。对于同品类茶不再引进其他品牌。

2. 在涉及其他运营代理费用时，按项目一事一议即可。

2022 年 2 月 17 日

特色之三：践行实践育人，拓展校外课堂。

教育是一个移情的过程，职业教育以育人为本，更可以寓思政教育于实践，开展网络营销类创业活动，可以实现技能培养与职业素养、思想品德教育的完美融合。在商务活动中，教师和企业家的行为也为学生做了表率，身教胜于言教。

在真实的商务实践过程中，职业技能的培养是最直接的培养成果，但坚持用创新人才的标准培养学生，以现代学徒制方式注重和传递职业道德、职业素养和创业精神，通过言传身教向学生传递文明商务、正确的价值观等，可以有效真实地开展教育。通过关乎自身利益与社会责任的实践，在课堂之外探索实践育人新途径。

笔者指导组建的花事里工作室在这方面进行了有益的尝试。

花事里工作室由高职院校教师团队在工商部门正式注册。自此，定位于茶文化传播项目与网络营销策划输出的花事里旅游电商工作室开始正式运营了。创始人理念是：如果人生如画卷，我宁愿把它比作一幅水墨山水，山谷里听得到内心的回声，溪水里可看见自己的倒影，恬淡宽容，深谙取舍。一路自由，让人生的得意与平凡相得益彰。一路走来，成长路上历经困难，但我从未放弃过最初追逐的梦想，一直在路上前行，而这条路就是我始终坚持的企业文化之路。

　　例如，该工作室的一款茶叶产品运营案例，为校外实践教育开拓了一个很实际的环境。根据企业产品小众、文化输出在先的特点，工作室以社会化媒体平台为营销阵地，建设自己的企业文化和互动机制，形成有忠诚度的用户群。工作室建设企业社会化营销核心载体，紧密围绕哈尔滨总部，形成O2O的网络营销基本构架，实现可持续的线上线下互动电商的发展。其中，企业文化的内涵构建、载体构建和基本信息的网络铺设工作很重要。内涵构建：在企业实际基础上，结合营销设计中的需求，确定企业文化的基本内涵，包括文字表达、视觉识别表达、音乐、视频表达等各种表达方式。在对企业文化进行深度解析和展示和创作下，完成基本的企业文化内涵建设，并完成网络营销基本内容的建设。工具构架：在确定文化内涵的同时，开始建设相关网络工具和载体建设，形成自己的新媒体工具和粉丝群体，为企业文化的进一步传播、发展以及销售做好工具建设。

　　实践表明，基于校政企三方协同的网络营销创业活动中，学生团队无论是与普通企业的网络营销创业合作，还是在高校聚集区的校企合作，相关企业都在网络营销业务合作和吸纳人才方面有双重需求。有需求就有机遇，学校通过孵化创新创业项目的方式，让学生接触实践并形成团队，融入企业运营是非常顺理成章的事。

　　基于校政企三方协同机制下的人才培养，与以往校企合作中的订单式人才培养、顶岗实习人才培养等方式有着很大的区别。这些方式中，往往由于单一企业的生产业务范围的局限性，专门培养的学徒难以满足行业通用人才素质的需要。因此，通过创新创业项目孵化培养的网络营销人才更加具有社会适应性和通用性。

　　校政企三方协同机制对人才培养效果的评价，根本点就是校政企三方协同下的孵化创新创业项目是否有助于人才的标志性能力的培养。

　　例如，在协同机制作用下，学生充分参与到品牌营销实践中，有一个很成功的营销软文案例《穿起泼墨留白的世界》，是以某女设计师的身份发表的。这篇文章经过教师的指导和修改，在企业官方账号中发布，流量表现特别好，这种商务运营中的实际效果评价是最直接的。

　　上述文章内容如下：

　　下午金黄色的阳光，由窗口弥漫到室内，温暖辉煌。窗外花影浮动，暗香吹拂，这光霭花气，让我悠然轻快，不自觉地脱落伤愁。欢喜地，泼下这一笔重墨，面前洁白的丝棉上，开始流淌，我隐秘的情思。夏至已至，我缓缓地把泼墨后的画布延展，开始裁剪属于自己的棉麻秋服。蓦地，忽然发现，这水墨山水竟像极了我的世界（配泼墨与棉麻制作的图一幅、成品服装图一幅）。

30 岁，似乎是女人最美的年华。褪去青春的羞涩，此时的我开始懂得欣赏自己。也曾努力改变自己，也曾渴望外界的认可。而当岁月缓缓流经至此，沉淀的曼妙之处，就像这黑白华服，素年锦时。泼墨之处，无比浓重且精彩，但周边定然要有适当的留白，不可以用闲杂的笔墨拥挤在周边，力求浓淡相宜。这似乎也是中国水墨的妙处了（配成衣模特背影图）。

当把这黑白写意披于肩头，如同走进一个无边的美的境界，庄子曾说"淡然无极而众美从之"。二十几岁时曾期盼未来的生活像流转的宴席，连绵不绝，摇曳生姿。后来看清时光的界限，才觉得其实在我们有限的年华里，日子不必填充太满的精彩。重要的也就是几个人，几件事而已，不必过于追求完美。匆忙的岁月里，该有给自己留白的时间，多一点从容与思考（配无模特成衣图、镜前成衣模特图）。

当泼墨与棉麻相遇，正如文化融合进生活，古老的传统之美穿越千年时光，舒缓洒脱，自然又和谐。在纯麻料上破洞剪花，加上内里的长裙飘逸，再搭配七分短袖马甲，含蓄而不失时尚。对镜帖花黄，一衣，一画，坦诚相悦，点墨与留白相和，此时无声胜有声。水墨幻化而成千年文明的风骨，阐释着黑与白的哲学。我的世界不艳俗，不武断，坦荡优雅，云淡风轻（配无模特成衣的局部特写图）。

年少学习时，曾迷恋外国文化中的"樱花飘零，武士泣血"的悲哀之美，不喜欢世事团圆的结局。如今想来，是那时不识愁滋味。也迷恋过西洋油画的浓墨重彩，认为人生就该如那般花团锦簇（配成衣模特室内图）。

而今识尽愁滋味，蓦然转身，却深深为眼前的一身水墨而感动。中国传统的审美与智慧在泼墨留白中可窥其一二，方寸之间尽显天地之宽，轻重相谐。点墨有精妙，留白思原野，虚实之间，有无相生，仿佛是说不尽的人生哲理（配成衣模特室外远景环境图）。

如果人生如画卷，我宁愿把它当作一幅水墨山水，山谷里听得到内心的回声，溪水里可看见自己的倒影。恬淡宽容，深谙取舍，一路自由。起泼墨留白的世界，与平凡相得益彰。

综合产教融合中的各种评价方案，关键在于其评价标准可以设定为观测这种协同机制是否保证了学生身份三段式转换。这三个阶段的身份转换分别是：

第一个身份转换阶段：从理论知识学习者到生产性实训者的转换。

职业教育中，理论的学习是为了指导实践。而学生将理论转化为实践能力需要一些真实的环境。生产性实训就是其中最理想的环境。生产性实训贴近生产实际又有一定的操作容错空间，是学习过程与真实生产过程的良好缓冲。在校政企三方协同机制中，能够促进校企合作双方对经济利益做出让步，实现一定的生产性实训，帮助学生从理论知识学习者实现到生产性实训者的转换。这是这种校政企协同机制的重要作用之一。

第二个身份转换阶段：从生产性学习者到企业运营参与者的转换。

要加快学生培养的速度和效果，仅仅通过生产性实训还是远远不够的，因为人才的成长包含太多的职业素养、职业心理和多种能力的培养，仅仅通过技能培养是不能完整实现的。第二次转换就是要继续深化实践层级，让学生逐步进入到真实商务环境，参与企业的运营，成为企业运营参与者，培养学生的敬业精神、职业素质、职业道德和职业心理等。这是常规教学无法实现的。只有在校政企三方协同下的创业活动中，才能够实现。因为网络营销类的创业工作最容易贴近企业实际，条件简单，容易实施，所以需要在校政企三方协同下，最大限度地构建企业环境，为学生提供从生产性学习者到企业运营参与者的转换机会。

第三个身份转换阶段：从企业运营参与者到真实项目实践者的转换。

通过参与企业的运营，学生会得到最快的成长，这也使一部分学生产生进一步实验的冲动和决心。但实现从企业运营参与者到真实项目实践者的转换，是涉及更多经济利益与风险的问题。既要尽力为学生提供机遇，也要最大限度地保证投资和经营安全。在这一环节中，校政企三方协同机制的作用尤其重要。政府部门的协同必须兼顾企业实际利益和资金安全，更要协同高效的相关保障措施和规定。这一阶段难度大、责任重，是检验校政企三方协同机制的关键阶段。能够有效支持这一阶段的协同机制是最优秀的。

需要注意的是，由于大学生创业会受到家庭条件、学生自身素质等各种因素的制约和影响，好的项目并不能保证一定成功。团队默契程度、团结协作等因素也可能造成许多创业活动的持续性不好。这个问题在网络营销类创业活动中也同样存在，校政企三方协同机制在这方面还有待完善。

另外，企业对网络营销的认识不同，有一些企业会因为短期效益不明显等问题，失去坚持下去的耐心，使一些需要长期积累的网络营销类创业项目遭到质疑，创业活动往往也受到影响。有的企业还由于本身对网络营销抱有很大期望，又存在一些对于网络营销不需要多少投入的误解，以至于项目资金投入不足、急功近利，自然造成企业与学生团队之间的一些问题，如果沟通不畅通、协同不到位，也会给项目的发展带来隐患。

当前的高职学生创新创业教育正在不断完善和深入，但还有相当大的部分学生还没有建立创新创业思想，高校创新创业氛围也有局限性。网络营销类的创业自然也面临很多的实际问题，指导学生和企业合作需要一定的调研和实验成本、较多的脑力劳动成本和人力资源成本，这给目前许多院校带来负担。

网络营销类创业活动中还缺乏现有教学体制的制度支持，例如：缺少完整的学分银行应用环境作为创新创业学分的置换支持；高校缺少较好的教师工作考核机制来支持教师从事该类型工作。

校政企三方协同的基础沟通工作尚需大力加强。校政企三方协同机制适合在相关商科专业的创新创业活动中推广，但对其他理工类领域的创新创业工作还未进行有效的实践探索。

在网络营销类的创业活动中，校政企三方要明确"学校发起、政府搭台、企业主持"的基本关系定位，各司其职。校政企三方协同机制下的网络营销类创业活动工作关键点是认真分析合作企业业务需要，然后由有市场经验的教师团队指导学生并进行岗位分解，找到产教融合的结合点。教师的全程近距离参与，也为在校学生生产性实训资源建设开辟了新的渠道。尤其是在这个过程中，指导教师要率先垂范，以双师的身份取得学生的认可，在社会化营销实践中有一定的企业化行为做支撑。例如，笔者指导的花事里工作室的微信公众号"花事里 HANARI"，就按照读书人的身份进行了设计，公众号的风格通过开篇文章表达：

风雅时光

写字对我来说，是神奇的安慰力量。读书，喝茶，习花，是我生活里很重要的一部分。读书是从未间断过的，喜欢。喝茶不过短短几年，花道也是偶然间遇到的美好。想把对生活的感悟记录下来，于是做了自己的公众号——花事里 HANARI。它是学习经历的标注，也是内心与自己的清谈。

或许，甘苦之间的一丝甜，才是每个爱茶之人最愿意回味的吧。

记得夏天的时候，我在看一本关于茶器的书，泡了壶老白茶，与好友漫无目的地聊天。他一句,我一句。看的那本书里写道,汝窑鉴赏标准是:雨过天青云破处,这般颜色做将来。刚刚好抬起头看向窗外,只见厚厚的乌云卷卷褪去,露出将晴未晴的青色天空。忽然就想起了那首歌:天青色等烟雨,而我在等你。

《儒林外史》中,杜慎卿几人游金陵台,"坐了半日,日色已经西斜,只见两个挑粪桶的,挑了两担空桶,歇在山上。这一个拍那一个肩头道:'兄弟,今日的货已经卖完了,我和你到永宁泉吃一壶水,回来再到雨花台看看落照!'杜慎卿道:'真乃菜佣酒保都有六朝烟水气,一点也不差!'"

我想,有文化的风雅时光,不应该仅仅弥漫在有文化气息的读书人的圈子里,风雅所润泽的,如若能在无限多的普通人和日用伦常里,或许能让风雅更为生动吧。如此:

清茶浅酌,花好月圆,

我们在这里,驻足,

感受美,学习美,

如同在旅途中,

客栈的梨花树下小坐,

长路漫漫,且行且远,

心里有着单纯而有力的意愿。

该微信公众号通过如下几篇重要文章,体现了这一账号设计的基本的思想高度。

文章一:热爱,可抵岁月漫长

我缱绻在沙发上,看手边这本《古书之美》,看街区被日光一寸一寸点亮。古书的美被这样描述:那卷完整的写经卷轴一下子展开,太美了,某种流动的东西扑面而来,难以言喻。看到原本的感觉完全不一样,能量很强大,不随实物看完收回而完结,而会流到心里。真是难得的机会,难得的盛宴。

藏书这件事对我来说太陌生,它说,对于古书不可能设定明确目标,需要收藏者自己展开庞杂的知识体系。这是藏书之难,也是藏书之趣,是对未来的不可知,是不经意之间,蓦然回首的感觉。

我热爱读书。其中最有趣的是按图索骥,对信息产生的"勾连",会从一个兴趣点迅速转移到另一个兴趣点。而这种返照内心,不是为了标榜什么，只是为了抚慰内心的孤单，吾道不孤？"万事可忘"的话，读书人的身份是我唯一想要继续保留的。

二十几年的深度阅读习惯下，我发现文化强大的纠偏能力。与天地精神相往来，也并不赞同所谓道心的孤绝，看破红尘，遁入虚无？追求无欲则刚的境界？中国人流淌着儒释道三家的血液，出世是一种态度，而不是一种行为。倘若这一颗心不是热的，那还有什么意义呢。

如书中所说："雅"才是社会发展的方向。这个社会需要精英，需要让人们明白什么才是值得崇尚和敬仰的。精英意识就是崇尚和敬仰真正的精英。

可惜，这个时代的精英，早已不是纯粹的精英。在这个物质世界里，读书人想要保留自己的精神世界不被践踏，需要足够多的现实，高高供养起思想之独立，以及精华与优雅。

我热爱宋朝，不仅仅是源于对于风雅的怀念，更是因为那个时代的文化灿烂，使人们学会善待自己的喜怒哀乐，因而尊重他人的真情实感。照见的自我，是《儒林外史》中"今日的粪已经挑完了，走，我们去看看落照，且吃一杯茶去"的生而为人的价值。

"老去诗篇浑漫与，春来花鸟莫深愁。"紧张工作，辛苦谋生。你说，这世上可有一个逍遥法门？我喜欢的作家庆山这样说：我们对风雅和优美投以深深爱慕，对高洁和矜持的情操不失信仰，这样的辰光貌似已一去不复返。被新世界的衍生物所包围的我们，对历史及传统，如何欣赏、表达、维持和保护？

这是我看这本访谈录的原因。

文章二：美人绰绰

我很难得有这样一段完整的时间，去读书、运动、洗衣、打扫和每日煮两餐。珍惜的感觉，就是我知道我的时间有限。能做自己喜欢的事，可以和家人在一起的机会，实在不多。我想经历的艰辛和幸福，都有其意义，所以我并没有多余的烦恼。所谓质朴，大概就是清楚方向。

我看《宋代美学十讲》。其中论有千古豪情的，当属苏东坡的《赤壁赋》。我不喜欢文人气味太重，觉得整天问道求仙俗气，但当至情者经历人间大悲，至性者悟尽人间大慈，心有玲珑者再看这篇文章，眼泪会滚滚地流下来。

苏东坡说：逝去的时光就像流水一样，是因为你站在岸边静止地看水。如果身在水中，水一刻都没有变化。你看月亮有阴晴圆缺，可是月亮本身是没有圆缺变化的，是永恒的。这个世界你要是以变化的观点去看，那它一瞬都不曾停留。若是想要探求不变，惟江上之清风，山间之明月，耳得之而为声，目遇之而成色，取之不尽，用之不竭。你又何必哀叹物是人非呢？

佛教徒和道教徒，追求的是永恒不变的事物，缘起性空，唯空永恒不变。就这样，在极度痛苦中，苏东坡完成了一次自我升华与精神蜕变。而我也看见心里的灯"砰"的一声被点亮，把一切困顿转化为审美，把人生放在审美之中，用美学拯救自己。这归于审美的背后，我看到的是自信与挺拔的人格，以及无限的勇气。

泡一壶老白茶，熏一滴桂花精油，生而为中国人何其有幸，可以陶醉在这充满禅意的东方式生活里。如果要给这样的氛围配上一曲音乐的话，我想应该是柴科夫斯基钢琴套曲《四季》中的《六月——船歌》。

我想，能做到圣凡两得意，既有入世的才华又有出世的格局，文人士大夫这样的审美取向的制高点是从什么时候达到的。《力透古典文学的维摩诘经》给了我完美的答案。

一本书如果写得太好，人们阅读且领会精髓，就会坐立不安，心里激荡。"从《维摩诘经》的佛学义理来看，遁入身心的自由，一半是自觉与灵性，一半是哲学与艺术。肉身如幻，如梦，须臾变灭。它当中传达的意灭色空给情缘而绮靡的诗人预留了一处身心的渡口。其中的颠覆空间和淡泊色彩征服了文人，古典文学因此为性空，寂灭而折腰表演，山水知人情，言笑世间情。"

在审美这条路上，沉醉不知归路。什么是文化？就是当看见一幅山水、一个碑帖、一尊建盏、一首乐章、一栋建筑，你会有共鸣，热泪盈眶。触摸着那一字一句，虽然你们素未谋面，相隔千古，但是你能感觉到那颗心在跳动，因而你知道自己的存在并不是偶然的，也不再感觉到孤单。所谓文化，就是人心不死。

文章三：花事里，吃茶去

北方并没有吃早茶的习惯。我想去广州的酒家吃早茶，一壶铁观音或茉莉花，配上虾饺、糯米鸡一笼一笼慢悠悠地吃到 11 点，买一份报纸，随手翻。好友们聚在一起，唠唠家常。一个城市的传统，就藏在茶与食相融的瞬间里。它不仅仅在吃，更在于那份柔柔的情。

如果说写字，是对内心世界秩序的维持。那么，学茶，就是我不再向外寻的开始。向内求，不输出任何价值观。因为倘若没有天地，不与世界观合二为一的价值观，每个人都会有不同，现实中也总是成功者最有发言权。

我却想一直做个素人，眼神清澈，笑容明亮。白衬衫、牛仔裤永远好看，当然要花大力气滋养自己。我可以觥筹交错，也会洗手羹汤，可是你所见，只是我一面。现实是要慢慢积累的，可是走着走着，我也会忘了自己是谁。

我最近在研习茶席花的设计。茶席上的精美器具，被形容为案上山水，席主追求的是在有限的空间里延展出无限的想象。如纪录片《茶界中国》里所说：我们留恋茶桌，是因为在这一茶一味的时尚里，一坐一忘的怀旧中，能够体会和把握当下，忘了那个追求名利权情的自己，听得懂"人间万事消磨尽，只有清香似旧时"。即生即灭，顺其自然的禅宗思想，也让茶与道从来不分家。

经常与好友对坐，喝申时茶。

静默欢喜，彼此都没什么话。

时间长河中，故事里的茶似乎从未改变。

改变的不过是故事里的人。

喝尽这一壶茶。

茶的一生，就浓缩于短短的一个瞬间里。

只是这个瞬间好长好长。

长得就像日子一样。

长得让你看也看不完。

想念你。

文章四：纯真

北方的冬天，适合找到一种雪花酒，喝下去清清凉凉，微甜，又余韵悠长。酿酒讲求君臣佐使，何为君？何为臣？每一次在生活里看不到美的时候，我就开始默默期待池坊余老师的课程。

美的事物并不是只在于眼前，而是本来就停留在人的记忆中。"插花就是把某时见到的花，某时盛开的花，用作品投射出脑中理想状态的美。同时使用有生命的植物，意味着作品在数日后也会残败。无法留下任何的插花，所以当下就变得非常重要。"

因生活忙碌，花道初心丢了几日，我纠结于如何快速提高技法，忘记了最初学习花道是为了追求什么。是纯真啊！它即道家所讲，至简至美的返璞归真的境界，褪去所有繁华，没有价值判断，质朴简单的美。它是像孩子一样，看到一朵花开手舞足蹈的情感。

纪录片《影响世界的中国植物》里这样说道：花，撬动人们的审美，传递人们的情感，点亮人们的视野，也融入了各种美的想象。从一开始对大自然的简单向往，从对生命力象征的花的朴素赞叹，美学、宗教、文化、文明，一次次的流连忘返，一次次的凝练提升。花成为人类精神世界中美的象征和创造力的源泉。

最初，花的美丽让人驻足，从最初的简易插放，到复原自然，再到更多创造性的表达，花成为人类行为艺术规则的缘起。它们开始能够关联到人类的内心——祈祷或忏悔，喜悦或遗憾，憧憬或回忆。

当你的人生里，遭遇过几次重大挫折，很自然的，你就会抛去繁杂，去追求纯粹的事物，你会读得懂，《诗经》对于纯真的呼唤。《静夜思》中绚烂之极又归于平淡，李白将月亮定格在那千古的一瞬里。美，就这样，自然而然流淌出来。

文章五：池坊之旅

订的机票又一次是周五夜航。我在问自己，怎么会有这么大的动力去学习池坊花道。大概是因为，我在这生活里，看不到美吧。黑色大双肩包陪我走过许多地方：我还记得第一次在旅馆里因为害怕不敢睡时的瑟瑟发抖；我在山城重庆迷路，导航失灵又看不懂地图；我一个人打不到车的丽江深夜，我去转机却在机场病倒。

当然旅途也有数不清的惊喜：在西安繁华夜市里看到了古都长安；在天津胡同里听相声时捧腹大笑；冬日里在成都杜甫草堂闻到腊梅香；在美到窒息的涠洲岛，十里画廊里见到了世外桃源；在平遥古城中观看了精彩绝伦让我哭了又哭的"又见平遥"演出。疲惫与惊喜，喜悦与忧愁，总是要在路上。

而当我们在花道教室里沿用着过去的技法、花形，走无数前人走过的路，更像是一次今人与古人的对话。当我们用枫叶或松竹梅完成一个满意作品时，时空穿越似的，古人的心便走进了今人的心，不同时空交错之中，我们看到了同样一片天地。

池坊花道以插花作为修行的手段，以"和的精神"为基本理念，探求生命之美、追求天人合一的境界。在漫长的时光旅行中，池坊花道演变为三大花形：立花、生花、自由花。

如果说立花表达的是景观美，追求的是容纳万千风景于一瓶的气势磅礴，那么生花再现的是植物的初生，追求单纯、纯粹的美感。而自由花追求的是个人意识美，可添加人工素材。

很多人纠结于旅行是什么或者为了什么？阿兰·德波顿在著作《旅行的艺术》中说，答案既是思辨的，也是感性的，既酣畅淋漓，又难以言说。因为，它更像是一种情绪，令人沉醉而不自知。旅游，或许就是一种在有关生命和环境厮磨的精神层面，是灵魂与自己所遇环境的种种的对话，徘徊于自己和社会、个人和大众、景物与精神间的思考。

尼采说，有些人知道如何利用他们的日常生活中平淡无奇的经验，使自己成为沃土，而其他人则只会逐命运之流。而池坊花道作为花道文化，是植根于内心的关于美的修养，为我们在这滚滚红尘中辟一处静所，寻求一份内心的淡然。通过习花，我们发现自然，感恩天地。以花观心，以美入道，从池坊之旅开始。

文章六：落花有道，花开自然

我跟随两位老师习花，已一年。我刚入门学习花道时，感觉花道跟花艺一样，不外乎是一种技术，一种美。后来，我渐渐通过技术感知了线条、色彩空间、动感和风韵。

我却意外发现自己越来越明媚，感知到这颗心、目光所及这世界的所有，都如花一样的美。骨子里的倔强再也压抑不住，为自己身为女性而开心。

我读作家庆山的书，看到"若缺少人的参加、介入、发言或行动，万物照旧寡言兴盛。微小人类所持有的不过是自身存在。譬如，我记得午后时有雷阵雨，雨声在二楼屋顶发出爆裂声响，排山倒海，天地如同融合一体。站在窗边凝望白茫茫雨雾，世间此刻超离现实。在雨声中读书和入睡。瞬间，云团飘远，天色放晴，阳光重新逼人眼目。我珍惜每一刻这样的感受，持这种心情如同它们将不复再来"。

习花，自然得从花中观赏到四季，感受到天地，看到自己的春夏秋冬。天地有大美而不言。所有意见一说出口，当即也就成了一己之偏见。不得不承认，无论我们在何处出生，于这世界而言都是小小的井底之蛙吧。

我想，花道，是我唯一会身生都要学习的内容，这条路我会一直走下去。花道能教会我们什么呢？花道，是道的世界，是将花的生命与人重叠。追求真理，为此省去不要的枝叶，凝缩草木生命之姿。

我禁不住探求美学的最高境界。或许就诚如老师所说，那就是返璞归真，不再有价值观判断的世界吧，停止了所有与自己心灵对立的纷争，学会简单质朴感恩地活着。

文章七：茶道缘起

当时间行至30岁这一年，我的世界出现重大的改变。一方面，我为自己的收获而骄傲，却找不到敬畏心。另一方面，家人的逝去，温暖的缺失，让我整日深陷在痛苦里，思绪无法安于当下，不是在过去就是在将来，内耗严重。

当感受到内在的生命力在奋力挣扎向上时，我开始寻找能说服自己的途径。机缘之下，我结缘一款好茶。当几碗茶汤喝下之后，我隐隐作痛的肝经竟然感觉通畅，惊讶原来简单的茶叶竟然有如此功效。由此我开始对茶道生出兴趣。

一片脉络闭合的茶树叶，从神农尝百草，日遇七十二毒，遇茶解之；到唐宋时期，茶禅一味的生活方式、美学鉴赏；再到茶马古道，大航海时代的贸易战争。悠悠千古，场景转换，然而不变的却是茶本身。好茶要符合七个品鉴标准。甜度香气融合度苦涩生津回甘，喉韵体感样样都不能少。

《赤壁赋》中，苏轼与友人在赤壁下泛舟游玩。苏轼说：你可也知道这水与月？不断流逝的就像这江水，其实并没有真正逝去；时圆时缺的就像这月，但是最终并没有增加或减少。可见，从事物易变的一面看来，天地间没有一瞬间不发生变化；而从事物不变的一面看来，万物与自己的生命同样无穷无尽，又有什么可羡慕的呢？何况天地之间，凡物各有自己的归属，若不是自己应该拥有的，即使一分一毫也不能求取。惟江上之清风，与山间之明月，耳得之而为声，目遇之而成色，取之无禁，用之不竭，是造物者之无尽藏也，而吾与子之所共适。我不禁潸然泪下。

中国古代的先人们从未将自己与天地割裂开来。通过喝茶，我看得到注入的夹杂着空气的水流，感觉到手指拿起来的碗盖儿，闻得到叶底散发出的幽香，忽然就看见了天地花草树木，也看到了天地中的自己。

中国茶是自由自在的，茶道随意方才妙。中国人饮茶的方法是一种途径，总是实践天人合一的过程，并不是落实到具体的点上，过程本身已经是一切的终结。

我经常和朋友们一起喝申时茶。此时的我已不再感到孤独。或许孤单与孤独的区别就是，我们终究都是孤独的，要独自去面对死亡和痛苦。但是我们要感谢有人此刻对你的陪伴，让你不再孤单。如果此刻我们喝同一壶茶，读同一本书，看同一部电影，有了共同的感受，那么你就是我的知己，我不用再去寻找和惦记永远。

我望着院中繁花，忽觉此世肉身觉醒，而过去种种境遇，似乎都是为了来到某一天或者遇到某一人。我愿内心保持宽阔的静气与舒朗的孤独，还有敞亮的温柔和精神上的一意孤行，不随波逐流，亦不人云亦云。保护好自己的内心格局，随着年龄增长，让天真和朴素有增无减。

实践证明，基于产教融合开展网络营销类创新创业工作，要有效发挥高校引领作用，通过重视企业的需求，在政府部门协同下链接大学生创业这一实践场景并服务社会，可以更好地实现专创融合，实现创新型网络营销人才的培养。

大学生的创新创业能力对于推动我国社会经济的长足发展具有十分重要的战略意义。高职院校创新创业人才培养的中心就是"育人"，必须注重学生在专业能力、品德素养和创业精神、创新意识等方面的多路径提升。

第五章 基于社会化营销的
品牌营销和建设案例分析

在社会化营销中，品牌与消费者之间的互动至关重要，这种互动可以增强品牌形象，提高客户满意度，进而促进销售。品牌可以简单理解为一张企业的文化名片，打造自己的品牌，靠产品、靠价格、靠口碑，但是在互联网时代我们更需要靠内容及自媒体。借助互联网，尤其是社交网络高效率、低成本、快速度的方式来做品牌传播。更重要的是，企业要懂得把企业所有的产品都做成内容，让消费者和意见领袖、传统媒体和自媒体争相报道、免费报道。因为在这个时代，媒体与消费者更愿意为"会讲故事的人"买单。褚橙、伏牛堂、黄太吉，无一不讲出了精彩故事，引起了社会的强烈共鸣，让本来名不见经传的小品牌，一夜之间拥有了超越传统品牌数十年积累的估值。

文化是品牌的灵魂，是企业经过长期的发展在岁月的沉淀中形成的软实力，在一定程度上能够提高品牌的核心竞争力，它不会轻易地随着外界的变化而改变，一个被消费者广为所知的品牌一定有着深厚的品牌文化作为支撑，唯有引发消费者的情感共鸣，才能吸引用户的注意力从而进行消费。

2023 年年末开始的黑龙江省哈尔滨市的冰雪旅游火爆，标志着哈尔滨冰雪旅游品牌的成功。我们细致梳理其过程和分析背后的各种社会化营销实践，可以发现其中的很多内在联系。

而笔者在餐饮业的实践也从微观角度证明了社会化营销给餐饮品牌文化的传播带来的支撑作用。例如，海底捞的企业文化甚至使消费者愿意与企业的员工不断互动，在品牌文化的塑造过程中产生深刻的认同感。

我们从这两个角度探讨一下社会化媒体的发展给不同的品牌文化的传播，是如何提供便利的传播平台，是如何推动一个具有品牌文化的企业健康发展的。

第一节　城市品牌——哈尔滨冰雪旅游的品牌营销分析

随着各地政府的支持和投资力度不断加大，人民生活水平的不断提高，中国冰雪旅游的发展有了坚实基础。2024 年文旅业最值得关注的网络营销案例当属"哈尔滨冰雪旅游"。

黑龙江省哈尔滨市独特的冰雪资源和丰富的冰雪文化使其成为冰雪旅游的一颗耀眼明珠，也让哈尔滨成为中国乃至世界冰雪旅游的热门目的地，被业界广泛誉为"尔滨现象"。其背后的于 2023 年年末开始的哈尔滨冰雪旅游的网络营销活动，是这次"尔滨现象"的重要推动力量。我们梳理这一过程可以发现一种独特的网络营销模式，可称之为"有情有义模式"，它以哈尔滨典型的冰雪旅游资源冰雪大世界为重点，依托独特的冰雪资源为基础，继承多民族及跨国文化融合的文化遗产，高水平进行规划并逐步展开，实现了以哈尔滨城市文化内涵——"开放包容、热情坦诚、创新开拓"为核心的网络营销活动。

一、现象级哈尔滨冰雪旅游热潮的背景与表现

"现象级"是一个由英文 phenomenal 直译过来的外来词，有"与众不同的、超群的"意思，一般是形容超级优秀的人或事件。2024 年新年伊始，哈尔滨被称为"被流量唤醒的城市"。这座中国最北的省会城市出现了现象级冰雪旅游热潮。

"尔滨现象"的出现源于政府的高度重视、管理进步和冰雪旅游产业长期的积累和良好的策划与运营。"尔滨现象"源于一次成功的哈尔滨冰雪大世界的危机公关营销——2023 年 12 月中下旬突发的"哈尔滨冰雪大世界退票"风波。该风波发生后，有关企业和政府部门反应迅速，在第一时间采取一系列积极有效的应对措施，通过社交媒体迅速引起了人们的关注和进一步感知，人们几乎同时发现了在哈尔滨市政府领导下的冰雪大世界的真诚和担当，并进一步深入了解了哈尔滨的冰雪文化，从而引发以哈尔滨冰雪大世界为核心的哈尔滨冰雪旅游热潮。

2024 年 1 月的统计数据表明：哈尔滨机场每天进出港旅客 7.2 万余人次，来自北京、广州等地的航班客座率超过 90%；哈尔滨冰雪大世界日接

待游客超过 4 万人次；亚布力滑雪旅游度假区单日最大接待量 1.4 万人次。几乎整个 1 月哈尔滨大街小巷都是南方游客，哈尔滨红肠、马迭尔冰棍、尹胖子油炸糕卖到脱销。由于游客停留时间较长，哈尔滨的早市、菜市场、东北风格的洗浴场所也很火爆。除了冰雪大世界，哈尔滨以及周边的其他冰雪旅游景区景点——雪乡、亚布力滑雪场、漠河等地也迅速火爆。而来自广西的 11 名 "小砂糖橘" 游学黑龙江恰到好处地被发掘出来，成为冰雪旅游季的社交网络新热点。继而云南的 "小菌主"、贵州的 "小折耳根"、河南 "小豫米"、四川 "小熊猫" 全国各地的娃娃团纷纷游学哈尔滨，实现了热点的延续。

相关政府部门的合理协同组织，是 "尔滨现象" 的巨大推动力。首先是借助 11 名 "小砂糖橘" 游学黑龙江的契机，广西与黑龙江开展互动，广西南宁把沃柑、砂糖橘高调送往东北免费品尝，45 家景区开展向东北三省游客免费开放一个月的 "致谢" 活动。黑龙江抓住互动机遇，也把 10 万盒蔓越莓从东极抚远发往南宁，还把冰雪装上保温车发往广东，促成了以冰雪为媒的南北双向奔赴经典互动事件。

正如哈尔滨市在新年前夕致全市人民的一封信中所写：虽然是一年中最寒冷的日子，但是火爆的热情、升腾的烟火弥漫在城市的每个角落……每一位市民的努力坚守和辛勤付出，彰显了冰城人 "礼迎天下客、冰雪暖世界" 的敦厚与担当。

冰雪热为哈尔滨的振兴发展打开了一个想象的空间，人气值、关注度能不能转化为发展力量，还需要更多创造性转化。例如，全国各地客商纷纷前来考察。

我们可以清晰地看到这次现象级事件中 "尔滨现象" 具有政府企业协同以及营销策划和运营方面的三个表现。

第一，有担当的政企协同，包括政府出台的相关政策、雷厉风行的工商管理，市政服务等。

第二，有感情的整体策划，包括恋爱级城市人设、互动的视频与直播营销、幽默的话题创作、创新的体验项目。

第三，有温度的运营服务，包括机智的公关营销、渐进式热点更新、大爱级文旅融合组合。

二、为 "尔滨现象" 提供支持的网络营销主题设计与运营观察

在我国文旅产业迅猛发展的背景下，哈尔滨市凭借其独特的冰雪资源

和历史文化，提前布局，瞄准年轻人市场，通过年轻人聚集的社交媒体平台展开了一系列有力的宣传推广活动。

自 2023 年年初，哈尔滨开始积极运用互联网思维，借助新媒体平台进行引流。其中，哈尔滨文旅的账号从 9 月开始，推出了一系列富有"网感"的宣传片。这些宣传片以"不是霍格沃兹和北京去不起，而是东北更有性价比"为主题，精准地抓住了年轻人的心理，提前在他们心中种下了对假期哈尔滨之行的期待，满满的仪式感让人心驰神往。

在这一系列宣传推广活动中，哈尔滨文旅的抖音账号等社交媒体矩阵纷纷出圈，共同助力哈尔滨冰雪旅游的宣传。到了 2023 年 10 月，哈尔滨在国内目的地热搜词中一举冲到了第八名，成绩斐然。

在众多的内容中，哈尔滨极地公园的小企鹅、中央大街上的游客互动、索菲亚教堂的欧式风情旅拍等元素纷纷涌现。这些充满吸引力的场景，使得哈尔滨成为年轻游客争相打卡的旅游目的地。"网红"大雪人在全城"分身有术"，在城市的各个角落迎接客人。

总的来看，哈尔滨通过提前布局，充分利用互联网思维和社交媒体平台，成功在年轻人中刮起了一股"哈尔滨风"。这股热潮不仅凸显了哈尔滨的独特魅力，也为我国文旅产业的发展提供了新的典范。

一个有感情的城市，一个有信仰的城市，这是哈尔滨本次营销活动中树立的良好形象。城市文化和情感是本次营销活动的核心。哈尔滨以其附着的人文历史资源，让向往北方冰雪世界的人们有更多的情感体验。加上本地人的格外热情、温馨服务很好地满足了游客的情绪价值。哈尔滨把握人们的情绪趋势，主动制造情绪的出口。宠爱、治愈、狂欢、陪伴的城市样子，正是年轻人当下的情绪需求。

基于这一有情感的城市文化挖掘，哈尔滨面对公关事件才能合理有序地开展公关营销。2023 年 12 月 18 日，第二十五届哈尔滨冰雪大世界正式开园，但因排队时间过长，现场有游客大喊"退票"。第二天，哈尔滨冰雪大世界发布了《致广大游客的一封信》，向游客诚恳致歉，对服务不周进行深刻反思并连夜整改。景区相关各级领导的现场办公致歉、整改、退票，充满了感情味道，彰显了本地浓浓的文化底蕴，厚道得让网友"心疼"。接下来的《致哈尔滨全市人民的一封信》则再一次拉高冰城的"温度"。这种热情让游客感觉到被"宠爱"，不仅让很多人假期去哈尔滨的情绪价值得到极大满足，还再次引发了哈尔滨旅行的新热点，于是有了元旦三天的火爆出现。哈尔滨文旅市场成绩单接待游客 304.79 万人次，旅游总收入 59.14 亿元。

预售冰雪大世界的门票的同时，全国范围内的旅行达人以及同城的探店达人进行造势预热。基础热度有了以后，自然引发了更多的人主动发布关于哈尔滨的视频。各类新闻人、自媒体博主，以及元旦期间的 304 多万游客，都是本次营销活动的参与者。

众多感人至深的故事通过互联网流传开来，哈尔滨人开放包容、兼收并蓄的城市品格及东北人豪爽大气、助人为乐的精神品质展现无遗。这里既有仁义礼智信、尊老爱幼、互帮互助等传统文化内核，也有崇尚法制、遵守规则秩序、讲究诚信和契约精神等现代文明优秀品质核心要义，更离不开坚持不懈的精神文明建设的推动和带动。

东北人的热情好客和幽默通过社交平台被放大传播，激发了南方人最有实感的人文体验愿望。在这个"公主请消费"的公主经济元年，哈尔滨让女孩们成为"女皇陛下"，让"南方小土豆"成为"马铃薯公主"。充分利用社交媒体实现的线上线下互动，让来了哈尔滨的和没能来哈尔滨的年轻人体会到超出期望值的感受和期待。借助社会化营销的爆点和互动效应，有效获得游客的反馈，从游客的角度换位思考，并主动解决问题创新服务。比如：游客反映在索菲亚教堂旅拍时有月亮会更好，很快景区就用无人机升空了人工月亮；有的游客反馈哈尔滨天气太冷了，景区就增设了供游客游玩之余休息取暖的温暖驿站；有的外地游客说不知道东北特产冻梨该怎么吃，几乎所有的哈尔滨的餐厅里就出现了切好、摆好的冻梨果盘。

这些新动态以极快的速度被体验和分享，在社交平台上立刻形成新的话题，被广泛传播，引来更多正向的流量，不断累加热度形成了正向循环。借助各社交平台的流量推送规则，相关流量也从哈尔滨外溢到黑龙江更多地方的旅游市场。

三、哈尔滨冰雪旅游网络营销成功的原因分析

从社交媒体的热度排名和相关旅游数据来看，在政府部门精心策划以及相关企业的大力协同下，"尔滨现象"可圈可点。其中哈尔滨冰雪旅游的网络营销是非常成功的。2023 年年末开始的哈尔滨冰雪旅游"现象级"火爆，作为国内最新的旅游网络营销案例，梳理其成功的关键原因主要有三个。

（一）核心旅游资源与城市文化的高度融合关联

哈尔滨冰雪旅游的历史与现状是哈尔滨冰雪旅游社会化营销解析的重要背景。哈尔滨冰雪大世界作为哈尔滨冰雪旅游的旅游目的地标志，被有效关联了哈尔滨城市文化、东北民俗风情、爱国主义情感互动等文化内涵，成功放大其影响力，成为本次火爆的核心代言。冰雪世界大舞台的万人蹦迪互动成为新的哈尔滨冰雪旅游社会化营销热点。推荐游客去侵华日军第七三一部队罪证陈列馆的建议，更具情怀：前事不忘、后事之师。因为那是我们同胞曾经走过的路。向善力量，微光成炬。中央大街上年轻人流泪演绎大庆"铁人"精神，街上贴着雷锋头像的志愿服务车免费拉载游客等，用一个城市的精神面对来自五湖四海的宾朋，城市文化迸发出强大的凝聚力、感召力。

这种冰雪旅游资源与文化的融合产生的丰富内容，微博、微信、抖音以及各种其他的社交媒体平台都高度地参与进来，成为此次网络营销的基础。

（二）有感情的社会化营销

哈尔滨冰雪旅游成功的社会化营销内容，总结大致就以下三个步骤：创造IP，网红打卡点；花样造梗推动全网社交营销矩阵宣传；整理经典内容并升华情感，实现二次导热。

1. 制造IP、创造互动话题。

根据现有的资源结合地方特色文化，加上创意包装成有一定影响力或知名度的作品、形象、品牌等。除了冰雪大世界、红砖街早市、北方洗浴、索菲特大教堂、歌声里的黑龙江、蔓越莓等都是一些爆火IP。

在众多的网红打卡点通过网络，南方的游客和哈尔滨本地人积极互动，幽默地以一个互相没见过世面的样子相见。衍生的话题自然和谐：哈尔滨的早市，5元吃饱，10元吃好，二三十元吃不完还能揣着跑；澡堂被南方人包围了，坦诚相见；冰雪大世界的舞台更是线上线下实时互动，无数话题翻新。

2. 花样造梗推动全网社交营销矩阵宣传。

哈尔滨此轮出圈成功的一个关键是巧妙设计系列花样造型，并有节奏地不断推出。今天的旅游者见多识广并深得文旅融合的精髓，景色再好看、景点再好玩也不足以让人流连忘返，会讲故事有硬梗才是旅游社交媒体的流量密码。

特色昵称创新梗本来很常见，但这次被哈尔滨旅游市场营销使用得恰到好处。很多南方游客身材较矮小，穿着与本地人不同的新购冬装，或鲜艳或浅色的羽绒服，头戴夸张可爱的帽子，辨识度很高。借用常见的蔬菜名造出的昵称"南方小土豆"，亲切又自然。后来又有了广西"小砂糖橘"、四川"小熊猫"、河南"小豫米"等一系列昵称的延伸，让这一昵称梗延续不断。

另外，"尔滨"这一新梗也颇具创意，拟人化的城市名称被深化。我们可以理解为哈尔滨，姓哈，名尔滨。进而引申到当前的城市热点解释：为什么叫尔滨？当然是因为东北人好客，游客来了如同亲戚串门，大家忙着招呼客人，本地人都"哈"不起来了，所以尔滨没有哈。

还有，借助公主梗把"南方小土豆"延伸为"马铃薯公主"，再迎接俄罗斯在逃"公主"，让火了一年的"公主梗"再度延续。同时网上还出现了"不是土耳其去不起，而是哈尔滨更有性价比"等梗。

3. 经典内容升华，情感传播实现二次导热。

创新的每一个梗，都在网络上有超大量的曝光，活泼轻松的热门梗也起了极大的"种草"作用。在营销初期还可以看到运营团队自己或请人去拍摄、制作内容的痕迹，后期做维护和引导，逐步过渡为病毒营销，使去了哈尔滨旅游的人，发朋友圈时内容自然会有这些梗，会到网红点打卡拍照，结果就是让各行各业的外地人自发地去宣传哈尔滨。

但这些还是远远不够的，运营团队还从大量的内容中遴选优秀内容进行再创作，通过社会化营销账号矩阵进行优化传播。例如对游客参观侵华日军第七三一部队罪证陈列馆的热点事件进行再次优化，实现了二次导热。

（三）花样服务创新

结合大数据分析，了解南方游客的需求和喜好，哈尔滨制定了更有针对性的营销策略。例如，哈尔滨根据游客的年龄、兴趣等因素，创新冰雪旅游项目，提高游客满意度。其推出了冻梨拼盘、热气球、甜的豆腐脑等非常多的有意思的餐饮服务产品；在服务设施上创新，创作了人造月亮、冰上气垫船、冰上龙舟、热气球、温暖驿站、冰滑梯等特色冰雪季服务设施；拿出了地方特色的企鹅逃学、鸵鸟游街等免费服务内容。据官方信息，哈尔滨文旅部门为这个冬季的冰雪旅游提前设计了100项活动，包括烟花秀、冬泳表演、"点亮百年老街"创意灯饰节、千年非遗民俗"打铁花"等。

四、"尔滨现象"背后的营销成功逻辑分析

"尔滨现象"源自哈尔滨城市内外兼修的魅力与冰雪旅游的繁荣。哈尔滨的营销成功并非偶然，它不仅体现了城市本身的旅游吸引力，更有政府与企业协同努力，以内在的优秀城市文化和魅力为支撑的原因。

"尔滨现象"背后的营销成功的基础可以总结为以下三点：

第一是对东北冰雪经济发展的整体规划、政策支持。

黑龙江根据自身冰雪旅游资源优势，坚持几十年积累和发展的基础上，把冰雪旅游产业进行了高水平的规划。到 2030 年将构建起"冰雪+"多元化产业协同发展格局，把核心冰雪产业做强做大，冰雪产业生态圈更加完善，打造具有国际影响、全国领先的"冰天雪地也是金山银山"龙江实践模式。冰雪体育产业领跑全国，冰雪文化产业规模进一步壮大，冰雪装备产业竞争力显著增强，建成国际冰雪旅游度假胜地。有丰富冰雪文化的哈尔滨，紧紧抓住城市独特资源，瞄准发力点，找到突破口，乘势而上，生动演绎"冰天雪地"就是"金山银山"，"冷资源"真正变成了"热经济"。

第二是冰雪资源与城市核心竞争力。

黑龙江有得天独厚的冰雪资源，有多年积淀的冰雪文化底蕴，有极好的群众性冰雪运动基础，更有已经在国际上知名的冰雪服务品牌优势。号称"冰城"的哈尔滨，除了冰雪资源外的城市文化特色也十分鲜明，还是音乐之城。它不仅有东北独特的黑土地文化和风土人情，而且有百年积淀的东西方文化交融底蕴，如有欧式建筑和餐饮，魅力独具。

第三是围绕冰雪和地域文化强化文旅融合。

哈尔滨在冰雪旅游方面的投入和努力有目共睹，哈尔滨在 2023 年 1 月就开始谋划冬季的冰雪旅游"百日行动"。不断挖掘冰雪文化、东北文化内涵，实现旅游产品和旅游服务创新才是值得重视的点，最后呈现出来的以客为先、以客为尊、以客为亲的哈尔滨城市新形象，让游客切实体验了基于文化层面的服务品质提升，城市中开展"彬彬有礼"行业风采展示活动、"窗口服务体验官"活动等，聚焦"吃住行游购娱"，都让人们看到了不是简单的有冰雪的"冰雪文化之都"形象。

以社会化营销为主场景的冰雪旅游网络营销是这次"尔滨现象"有力的推动力量。由于这一个基础的支撑，对"尔滨现象"的旅游网络营销创

新了新的模式，我们可以称之为"有情有益模式"。这一模式可以用三句话来总结：以与时俱进的旅游资源优化为根本，以紧密附着的冰雪文化和城市文化要素为内涵，以有效利用的环境优势为契机。

（一）与时俱进的旅游资源优化

文旅融合是旅游业发展的大方向，旅游资源的开发必须与相关的文化融合、经过具体产品和运行管理的优化才能充分展现其魅力。哈尔滨标志性的旅游产品"冰雪大世界"经历多年发展，已经成为冰雪文化融本地特色的建筑文化、民俗文化、雕刻艺术、音乐艺术、中国彩灯文化为一体的大型国际化旅游产品。这一产品的消费与旅游目的关系极为密切，相关城市文化及服务运营管理也成为冰雪旅游资源优化的重要内容。哈尔滨的冰雪旅游资源与文化融合及城市文化与管理的融入优化是本次营销成功的根本。

首先，在产品开发上，坚持不懈地打造国际级冰雪旅游盛会。在冰雪旅游品牌建设上，勤于积累更能不断创新。哈尔滨的冰雪文化和冰灯冰雕制作技艺非物质文化遗产传承久远。但结合新科技进行创新，结合文化内涵进行再创作是哈尔滨冰雪旅游产品的制胜法宝。从 1985 年开始已连续举办 24 届的中国·哈尔滨国际冰雪节冰雪大世界，是目前国际上公认的国际四大冰雪节日之一，国际品牌已经形成。

其次，旅游目的地相关服务运营管理的优化。2023 年 12 月，黑龙江省人民政府办公厅印发了《黑龙江省释放旅游消费潜力推动旅游业高质量发展 50 条措施》。该文件提出：要通过丰富生态旅游产品、改善旅游基础设施条件等措施，加大优质旅游产品和服务供给。构建便捷高效、服务优质、安全有序的"快进"旅游客运服务体系。在哈尔滨冰雪大世界，交通、餐饮、住宿和现场服务每天要面对近 4 万人次的客流量，仅元旦假期期间，日均出动警力 2 500 余人，警车 400 余辆，累计查处交通违法案件 3.4 万余件，全市道路交通事故四项指标同比全面下降。

针对太阳岛、冰雪大世界游客较多的情况，哈尔滨地铁发放了"地铁摆渡票"，乘客凭此票可免费往返乘坐地铁。为保证参与跨年活动的游客及市民能安全返回，哈尔滨公交公司准备了 60 台应急保障车辆，保障夜间乘客疏散。为给外地游客提供优质优价的住宿服务，防止宰客现象发生，哈尔滨市政府要求，宾馆酒店经营企业要做到不过度浮动价格、不盲目调整价格、不虚高标注价格。为了维护城市环境的美丽整洁，环卫工人的工作量大增,保证了城市环境。

黑龙江还在全省推出"文旅体验官"制度,在加大旅游市场监管力度上出实招,解决影响游客体验的重点问题,对涉旅住宿、旅游厕所、餐饮、交通、导游等可能存在的问题进行全面排查整治。

(二)紧密附着的地域文化和城市文化要素

哈尔滨的此次社会化营销所附着的信息很有传送力,除了冰雪还有大量文化信息:地域文化方面鄂伦春族人应邀进城、达斡尔族人披着雄鹰来了、鄂伦春族人牵着驯鹿进城了,他们带来了地域文化内容。城市文明方面哈尔滨热情好客的普通市民自发上街,当起了志愿者。在火车站、景区周边,不少志愿者在寒风中义务为游客指路,介绍景点信息,提供免费的热饮,他们用自己的热情传送了哈尔滨独特的城市文化信息。

这些内容传递中附着着大量的文化信息,经过传播让旅游者难忘,让未来者产生旅游冲动。有游客在社交媒体上表达:哈尔滨人的真诚、友善、热情,为这座城市增添了光彩。

不少商家也行动起来,主动当起了城市推介官。很多酒店还对员工进行了统一培训,让员工都能熟知本地性价比高的景点路线、热门美食店铺等信息,以便随时为游客提供旅行建议。"老字号"马迭尔宾馆位于中央大街上,游客爆满,忙于服务的同时还每天免费向住客讲解马迭尔宾馆历史和哈尔滨历史。游客了解到这些哈尔滨的建筑和历史故事,更喜欢这座有着鲜明文化特征的城市,通过社交平台传递出"哈尔滨不仅景色美,人也格外热情"的信息,而富有哈尔滨文化特色的伴手礼也自然而然地成为他们带回家的必备旅游商品。

(三)有效利用的环境优势

我们在合适的时间、合适的地点、合适的环境下,就有可能会有共鸣和共情。

在冬季最主要的是冰雪经济,是南方人到北方去的最佳选择。气候环境配合具有冰雪资源的地点,遇到合适的人群,就形成了天时地利人和的统一。这个时间、地点、人物正好是哈尔滨这个城市都具备的。

人们对环境的改变是极其敏感的。哈尔滨此次在先天气候环境、地理环境、人文环境中的细微有温度的改变引发了外地人对哈尔滨的新看法。正如相关部门所说:游客有什么不满意,他所需要什么我们就上什么。

例如:在寒冷的气候环境中,为提升游客对环境的适应性,就建造了很多的小暖房子；为解决游客室外参观的保暖问题，景区就特别准备一些姜糖水和暖宝宝加热贴、加热鞋垫等保暖用具，供游客免费取用；为解决外地游客购买礼物携带不便利的实际问题，就为游客提供免费包邮活动，解决游客的后顾之忧。这些细节，让游客最为感动和暖心，让他们感到环境的舒适和被尊重。这种有温度的东西由他们自己发到网上营造了东北人家亲戚家串门的温馨软环境。

自然而然地，游客把这种软硬环境改变带来的情绪价值通过社会化媒体平台分享出来，通过网上的互动，让更多的人获得共鸣，期待获得更多旅行的快乐。

五、思考与展望

品牌形象塑造是哈尔滨冰雪旅游社会化营销中最大的任务。从以上分析看，哈尔滨冰雪旅游这次火爆的背后，天时地利人和，全面满足条件，有非常扎实的基础，借助社会化营销的努力才得以实现。从社会化运营的角度来看，方法得当，技巧合理。都属于常规操作但不乏结合本地特点的微创新。因为这种相互影响形成了叠加效应，所以哈尔滨火爆是理所当然的。

为了提升品牌形象，哈尔滨冰雪旅游进行了精准的目标市场定位，针对不同客群制定了差异化的营销策略。注重了品牌形象的统一性和持续性，在营销活动中坚持冰雪文化与城市文化的结合，保持了一致的品牌形象和品牌价值，提升了哈尔滨冰雪旅游的品牌知名度和美誉度。

为了更好地塑造品牌形象，哈尔滨冰雪旅游在未来可以借鉴一些成功的品牌形象塑造案例。例如，瑞士的达沃斯冰雪节以高端、奢华的形象吸引了全球精英人士的关注；加拿大的尼亚加拉冰酒节则以品质、品位为品牌形象，成为世界著名的冰酒品牌。而目前哈尔滨冰雪旅游在塑造独特的品牌形象方面，还需要在国际化视野上再做努力。

在当前塑造品牌形象的过程中，哈尔滨冰雪旅游的社会化营销工作还需要通过社交媒体深度关注品牌形象的监测与评估。其通过收集和分析客户反馈、市场数据等，及时了解品牌形象的传播效果和市场反应，不断优化和调整营销策略，提升品牌形象的市场竞争力。同时，哈尔滨冰雪旅游还需要注重品牌形象的长期维护和升级，不断推陈出新，保持品牌的活力和吸引力。

在政府有格局的顶层设计和实施下，以社会化营销为主场景的冰雪旅游网络营销是这次"尔滨现象"有力的推动力量，哈尔滨探索出了"有情有益模式"的冰雪旅游营销新途径，具有广泛的推广价值。

第二节 餐饮品牌——"莲素空间"的品牌建设分析

我们再从餐饮业的品牌建设中进一步探索。餐饮品牌想要得到消费者的高度认同，除了打造精美的菜品和优质的服务，还要进行品牌文化的宣传。因为餐饮企业之间的市场竞争激烈，品牌辨识度较低，所以当一家餐饮企业融入了品牌文化之后，便能够设定较高的市场壁垒，与其他同类型企业相比拥有较高的竞争优势。品牌所有者要注重品牌文化接触点的开发，充分了解消费者的个人感知和心理特征，在线上利用社会化媒体平台进行品牌文化的深入解读，引起消费者的共鸣，并在线下邀请部分消费者进店体验，形成线上和线下的一体化传播。

在当下以互联网为背景的传媒新环境下，受众的注意力变得愈发分散，企业获取用户的成本也在不断提高。虽然在社会化媒体中有多种传播路径，但很多餐饮品牌并不能健康、持续地发展，难逃"品牌打造和消亡一样快"的怪圈，究其原因，笔者认为有些餐饮品牌在进行社会化营销时存在以下四个方面的不足：

第一，传播观念老旧。餐饮行业已经进入以消费者为导向的时代，但很多企业主被传统观念长期影响导致在传播模式、营销手法以及对受众特性的认识方面仍然止步不前，加之社会化媒体进行传播虽然成本低廉，但大量时间精力的投入使餐饮品牌所有者分身乏术。

第二，忽视产品品质。社会化营销在餐饮品牌传播中的应用不仅使品牌信息传递速度大幅度提高，而且消费者对品牌认知更为彻底和全面，这就令品牌所有者过于重视餐饮品牌本身而忽视了餐饮品牌的基础——产品品质，从而受众难以正确认知品牌。

第三，同质化现象严重。许多新兴餐饮品牌以低廉的成本和极小的障碍出现在社会化媒体平台中，虽然数量庞大，但是品牌定位相似度高，菜品同质化现象严重，导致品牌辨识度低，缺乏核心价值。

第四，信息传递效果差。在信息爆炸时代，消费者们每天都会通过社会化媒体平台接触大量纷繁庞杂的餐饮信息，但能留下深刻印象的却少之又少，致使餐饮品牌信息传递效果差。

由于社会化媒体的特性，餐饮品牌信息很难以统一的声音和形象引起消费者的共鸣，消费者不再受到传统媒体带来的拘束，而是可以选择任何时间、任何地点与餐饮品牌进行互动，可以说，在社会化媒体时代，餐饮品牌是消费者塑造的。因此，餐饮品牌在社会化媒体中，应该逐渐改变一体化统一化的传播方式，将餐饮品牌的内涵和信息融入各种社会化媒体。而这一变化给了创业学生巨大的机会，也是本书选取的重要创业人才培养场景。

餐饮业是创业学生在旅游行业中较青睐的选择，相关的旅游社会化营销实践具有代表性。民以食为天，餐饮是旅游业六大要素中的首要要素。据艾媒咨询的数据，2023 年中国餐饮收入已经达到 52 890 亿元，同比增长 20.4%，正式进入 5 万亿元发展新阶段①。餐饮业随着互联网的发展成为社会化营销最早普及的产业。这一市场中，中小餐饮企业是主流。

从产业形态上看，互联网与餐饮传统产业加速融合，一大批互联网企业和互联网从业者加入餐饮行业，并直接或间接参与餐饮管理和营销，而"互联网+"成为餐饮产业发展新动力。从创新模式来看，传统餐饮企业向互联网化发展，评价、订餐、外卖已经成为餐饮业经营标配，今天的餐饮已经依托互联网实现了拓宽销售渠道、延伸销售半径等进步。特别地，在线服务与传统餐饮业经营融合不断深化，原有的营销、管理模式都被彻底颠覆，互联网思维将更多地融入餐饮行业的策略制定上来。从组织形态来看，餐饮业态小型化、智能化、特色化特征日益突出，餐饮业要通过更加个性化来吸引消费者，更加便捷的体验来让消费者感到舒服愉悦，以及更加智能化的模式来节约运营成本。

企业需要仔细地分析自身的核心竞争力，当把核心竞争力的表达内容明确之后，也就满足了产品的目标用户需求。企业的受关注程度往往是在用户体验基础上形成的，因此企业要不断地对销售信息进行更新，在社会化营销过程中增加新鲜内容，才能让粉丝产生黏性，保证对粉丝有所帮助，让粉丝产生兴趣并接受新内容。因此分析现有客户和潜在客户的兴奋点，然后做目标用户喜欢的内容，是社会化营销整体设计的重中之重。

---

① 数据来源：艾媒咨询《艾媒白皮书来袭：揭示餐饮服务商助推万亿级餐饮市场》。

一、"莲素空间"品牌建设整体设计实践

"哈尔滨莲子餐饮有限公司"是一家黑龙江省哈尔滨市的餐饮企业，创始于 2010 年 7 月，开设有莲会所，集养生、素食、茶道、香道于一体。2013 年，企业在哈尔滨市哈西万达广场开设了素食餐饮店——以"莲文化"为主题的素食餐厅"莲素空间"。该企业致力于让素食走进千家万户，莲素空间的产品不断地研发和创新，希望顾客在享用美食的同时，也能让心灵能够得到休憩，感受心灵的滋养，在快节奏的都市中，寻找一方心灵的净土。此后，莲素空间不断发展，2014 年第三家店群力远大店开业。笔者指导的创业团队曾经全面负责该餐饮企业的企业文化设计和内容制作、传播。创业团队核心成员是来自黑龙江的几名大学学生，团队名称为"奇思"，后逐渐发展为 15 人团队，并成立了一家以网络营销和互联网服务为主业的公司。团队先后与黑龙江省哈尔滨市多家餐饮公司、电子商务公司合作。

以企业文化起源设计为例，团队首先进行了企业形象和相关企业文化的整理设计，创作了核心文化的文案。这些文案在莲素空间的社会化媒体官方账号上发布，既是企业文化的表达，也是社会化营销的开始。

此外，根据企业建设规划以及经营现状，团队对莲素宴会所的经营模式作出调整，在目前的基础上加以改造及转型，打造了"莲文化生活体验馆"这样的新型业态。

（一）生活体验馆的基本构想

通过转型建立全新的且更全面的"莲"文化传播体系，让"莲文化"得到更好的诠释和发展。莲文化生活体验馆是以"莲文化"为核心的新生活、新态度、新理念、新的生活方式的体验馆。它结合新媒体传播理念，为受众人群提供一个文化、休闲、放松、寻找心灵家园、感悟人生、私密交流，且面向中高端人群的文化传播场所。同时，企业逐步打造"莲文化"的核心价值理念。

"莲文化"内涵的定位：出淤泥而不染的具象文化，同时以"藕断丝连"作为文化传承与交流的具体寓意。以"莲子清心"为真实感受，让来体验的人群能感受到这里不同于都市喧嚣的平静，可静下心来寻找真实的自我。

（二）莲文化生活体验感知培训旗舰店

该店是莲素餐饮系列中高端管家式服务的样板店，目的是让高端定制

管家式服务成为企业高端服务的全新模式，且成为企业未来发展的样板和企业文化传媒基地。在此人们可以体验与该餐饮企业文化有关的感知体验，得到彻底的释放与放松。

楼体的整体使用规划如下。

大堂：文化感知区域。

二楼：休闲生活体验区，该区域体验项目包含茶道、香道、插花、手工艺品欣赏。

三楼餐饮区：该区域有正餐区域（保留会所原有的餐品样式和形式），还有简餐区域及古书吧（可借阅《三字经》《弟子规》《百家姓》等传统文化书籍，此处面向带孩子的体验者，且定期举行启蒙教育活动），提供下午茶。

四楼：会员综合体验区，是私密社交场所。此处可举行工艺品展览及书画展，亦可进行小型工艺品拍卖，以及举办小型私密聚会、传统寿宴、金婚纪念庆典。

五楼：厨房兼荤素烹饪体验区及烹饪培训区。

（三）公益形象建设

近年来，我国公益事业取得了显著的进步，越来越多的人开始关注并参与到公益活动中。在活动过程中，公益形象的建设逐渐成为公益组织、企业和社会公众共同关注的焦点。公益形象建设不仅关乎公益事业的发展，更关系社会的和谐与进步。莲素空间守望初心，在整个体验馆的运营过程中，让公益成为体验馆着力打造的外界形象。借助黑龙江狮子会及青联打造新的社会责任人的形象，并逐步创立"莲基金"。

1. 莲素空间公益形象建设的内涵与意义设计。

莲素空间的企业公益形象建设将通过公益活动的开展，有利于企业提升品牌形象，树立良好的社会口碑，增强社会影响力和市场竞争力。同时，该企业的公益形象建设有助于提高相关公益组织的公信力，吸引更多资源投入到公益事业中，也有助于提升公众的公益意识，形成良好的社会风气。

2. 公益形象建设的途径与方法。

（1）加强公益项目策划与实施。公益组织和企业应关注社会需求，精心策划并实施有针对性、实效性的公益项目，以实际行动回馈社会。

（2）提高公益传播能力。充分利用各类媒体资源，传播公益理念，扩大公益影响力。其通过线上线下活动，提高公众对公益事业的关注度和参与度。

（3）强化公益合作伙伴关系。公益组织与政府、企业、其他社会组织等建立紧密的合作关系，共同推动公益事业的发展。

（4）注重公益人才培养。提升公益从业人员的专业素养和道德品质，为公益事业提供有力的人才支持。

（5）倡导公益文化。通过公益文化传承与创新，引导社会公众树立正确的价值观，推动全社会积极参与公益事业。

3. 公益形象建设的挑战与应对。

随着社会公益需求的多样化，企业面临着更多的竞争和压力，公益形象建设任重道远。莲素空间必须积极应对这种挑战，不断创新公益模式，提升公益形象，以更好地服务于社会、回馈于社会。

总之，公益形象建设是推动公益事业发展的关键因素。只有不断加强莲素空间公益形象建设，才能激发更多的力量投身于公益事业，促进全社会共同进步。让我们携手努力，共创美好未来。

（四）营利模式

1. 会员会费。

企业实行会员年费制（参考健身会所）。年费中不含餐饮费用，餐饮单次结算。会员分不同项目会员，如淑女养成会员、修心会员、烹饪学习会员、茶道香道学习会员等。12 岁以下儿童及年满 70 岁的老人，在会员的陪同下免费。

2. 餐饮服务（略）。

3. 销售及拍卖工艺品（包括公益拍卖）（略）。

（五）服务特色设计

1. 常年对会员温馨关怀，形成黏性。

常年对会员进行温馨关怀，其中包括温馨的天气提示，特殊季节需要进食何种食物的提示，对会员发礼物等。会员对关怀与服务产生依赖，形成一定顾客黏性。

2. 管家式服务。

服务含车接车送（市区内使用房车，房车造型特殊，外部打广告），对可能需要过生日、升学、结婚等服务需求的会员通过微信、电话提前提醒是否需要服务，并确定到店时间。

3. 健康体检和饮食搭配提示。

定期对会员提供体检服务，对体检后的数据进行保存与统计管理。按照体检数据及会员每次到店的用餐食物对会员进行餐饮提示，提示会员某一阶段应该进行何种营养搭配与保养。

4. 会员定制餐饮。

会员可以按照自己的需求来定制个性化菜品，或者想自己动手制作，企业完全按照会员需求来服务。

5. 会员内部杂志。

企业创办内部期刊，赠予会员（电子版，后期将发展为印刷版）。

6. 会员生命体验。

企业不定期组织会员参与采摘、参禅、交流、沙龙、旅行等活动，一起分享生命中的感悟与感动。

二、"莲素空间"品牌故事设计

一般来说，餐饮品牌的故事可以通过三种方式获得：

第一，归纳和总结过去的故事。消费者通过这些故事就能够充分了解到品牌的文化和历史，企业的经营理念和所作的贡献。

第二，留心正在发生的故事。在餐饮业的日常经营中就会不断地有故事发生，品牌所有者可以从这些故事中筛选并加工成有意义的故事，随时对品牌文化注入新鲜的血液，并通过社会化媒体这个平台传播出去。

第三，制造故事。前两种方式是企业在收集品牌故事，这种方式是企业主动进行故事的制造，一个生动有趣的故事应当具备五个要素：时间、地点、人物、有吸引力的情节、有意义的结果。

品牌所有者通过选择与品牌的经营理念相关的事件，使之成为品牌故事，不仅能够充分地塑造品牌形象，而且令消费者深刻地认同品牌文化。在行业发展的过程中，越来越多的餐饮企业也意识到，不仅要拥有自己的经营理念和价值观，对品牌这类无形资产也要重视。"互联网+品牌"是在激烈的竞争环境中脱颖而出的关键点，企业用互联网的思维进行品牌的传播，依靠社会化媒体进行推广营销，多方位地将品牌进行升华，才能使得品牌长久生存。以微博、微信、抖音为代表的社会化媒体由于具有互动、参与、社群化等新特点，成为许多餐饮企业与用户沟通的必备工具。

因此，在社会化营销语境下，餐饮行业的品牌传播需要与社会化媒体相结合，在考察用户需求的基础上以新颖、互动的传播方式吸引用户参与，满足用户期待，从而增强自身品牌竞争力。口碑传播是餐饮品牌传播的主要特点之一，而社会化媒体的传播特点令餐饮品牌的口碑传播更加方便，使口碑传播有了更加广阔的平台，增强了对广大消费者的影响，将品牌传播与社会化媒体的重要作用结合起来并运用到产品营销之中，是餐饮品牌传播的重要路径。

根据企业发展的愿景，笔者指导的创业团队为莲素空间的品牌形象创作了文化溯源基础软文。以下五篇企业文化设计文案，从不同的侧面完成了企业品牌形象的设计，同时也是企业品牌文化的基础社会化营销文案。

文案一：莲素说①

清史礼章着文述曰：宫有莲素宴，因孝庄感悟佛心而出，因慈禧不解民生而终。

史云康熙十一年（公元 1672 年）春夏之交，清佛后孝庄偶步园中，见湖面莲叶层叠，芙蓉错落，随心一叹：愿与莲素同息，不染红尘孽泥！随行侍者有通达者，与御膳房素宴第一人李师谋划，历时月余，雕琢千万，研制了数十道以"莲"为题的素菜，多用莲藕、莲子、莲叶以及豆腐、蘑菇、笋等为食材，取莲之寓意，于寿宴当天惊艳呈现！孝庄凤心大悦，赐名："莲素宴。"

后诸帝亦有佛缘，对"莲素宴"倍加喜爱，莲素宴名满天下。

至光绪年间，慈禧太后自比"老佛爷"，亦喜莲素宴。然正直的李氏传人却突然神秘失踪，"莲素宴"从此失传。民国后李氏后人现于东北，菜品更加丰富的"莲素宴"再现民间。吾等，未曾能明天洞地而知佛，然尚素。愿以一世良愿、百年心暖、千秋传唱，与君共享！

此祝。

文案二：百年莲素之本

今天与李总等几个莲素人，坐在即将拆迁的素食老店，说到莲素宴的辉煌、沉寂和传承，都默然无语。窗外流淌进着金色余晖，我们饮一杯莲花茶，饮的尽是莲心素食的百年兴衰！

---

① 以下文案是奠定莲素空间的企业文化根基之作，用仿古文的方式，讲述企业来历。

也许在岁月的长河中，一个莲素美食的故事微不足道，甚至只是一簇小小的浪花，但于今天的莲素人，却足以使一颗追求爱与本真的心变得坚强和炙热，每每重读《莲素说》，就像是品味一首穿越的古琴调，吟唱着爱与真。

如果回忆能倒转光阴，慢慢回放莲素宴的昨天！

当年，李氏主理的莲素宴在清宫最受皇恩，名满京城，最受尊重的其实是莲素宴的根本：莲心向善，味在本真。到了慈禧年间，李氏后人不屑其行，悄然离宫，隐居民间。从此，他们历经多少风霜坎坷，保全了莲素宴百年清誉，却隐了自家百年盛名！

莲素人几代塞外避世，藏身于白山黑水之间，放弃了荣华，却未曾放弃莲素之本！他们有过饥寒交迫，有过颠沛流离，不变的，是求真、求善之心！而今，莲素宴重开新店，取名"素食空间"，就是要广结善缘，与有缘人共同开辟一个宁静的心灵休憩空间。

你会问：

曾经的美味，会依旧飘香吗？会，依旧香茶如花、素味百变！

曾经的追求，会依旧坚守吗？会，依旧向善、与爱同行！

文案三：素食缘

惊蛰已过，北方依旧寒风刺骨，但是毕竟已是阳春三月，残雪渐融，正值希望的季节。我接到了莲素空间素食餐厅的邀请，参加3月8日的形象店开业庆典。我看着请帖，回想半年来与素食的种种渊源，不禁失笑，感慨万千。

我曾经对素食有着原始的抵触。我自幼家贫，一年中极少有机会吃肉食，似乎记忆中只有过生日吃的鸡蛋面，过大年吃的年猪肉不算素食，以至于考大学时的心底潜在的动力就是：好好学习，改变命运，天天能吃上红烧肉。

时光荏苒，在无数拼搏的日子之后，我有了自己的房子，有了自己的厨房，每天一顿香喷喷的红烧肉终于不再是梦想。日子越来越好，吃的东西越来越好，天天都像过年，而自己曾经的运动员体魄也逐渐地变成了大腹便便的模样。我去年去医院体检，再一次被医生警告，身体已经不仅仅是胰腺有问题了，其他问题也越来越严重，解决的方法只有一个：必须减少对动物脂肪的摄入，且必须多吃素食，每周必须有一天三餐全是素食。

在那一刻，我感到胃痉挛，从此我开始了无奈地回归素食的生活。

我过了心理关，真正地理解并自觉素食，是从结识了莲素空间的几位朋友开始的。

去年恰逢莲素空间素食餐厅的哈西万达店开业，我认识了两位老板，逐渐感受到素食者的魅力。那份舍小利而赴大义的胸怀，那份为理想执着前行的决心，其实就是素食者的修养和担当。

于现代生活而言，素食已经与贫富无关，更多的是关乎健康和善念，舍一点私欲，寻一线善缘，尽我辈绵薄之力，为生活添几分朴素的美丽。

莲素空间形象店开业了，我祝愿每个人都能收到来自素食的祝愿，与健康同行，与信念同行，缘来莲素愿，自有心花开。

文案四：人生若只如初见

我一直想探秘"莲素说"的故事，昨天冬至，早了点打烊，终于有机会让神秘的李总讲讲"莲素宴"传奇的故事了！总是在后厨忙碌的李总今天忽然"文艺"起来，清清嗓子，竟然从几世流传的那句"人生若只如初见"说起来了！早知道李总的祖上是御厨，原来真的是有家学渊源啊！

话说早在大清康熙年间，李氏祖先是宫中御厨，与当时康熙皇帝身边的一个才华横溢的三等侍卫素有私交，而这个侍卫就是这句绝世名言的作者——后世敬仰的大清词人纳兰性德。他们的相识，才有了"莲素宴"的传说！

清代著名词人纳兰性德（字容若，号楞伽山人）才情绝世，一生爱莲，品莲写花之作颇丰，其中著名的一首《一丛花·咏并蒂莲》：

阑珊玉佩罢霓裳，相对绾红妆。藕丝风送凌波去，又低头、软语商量。一种情深，十分心苦，脉脉背斜阳。

色香空尽转生香，明月小银塘。桃根桃叶终相守，伴殷勤、双宿鸳鸯。菰米漂残，沉云乍黑，同梦寄潇湘。

其实，出淤泥而不染是文人雅士们崇尚的境界，以荷花来比兴纳兰公子的高洁品格，是再恰当不过的。纳兰性德，出身豪门却淡泊名利，向往"真、情"。据李总祖上传说纳兰性德所居，所乐之处均有水存在，水中的荷花更陶冶诗人的性情。瓮山泊畔有芙蓉十里，玉泉山下有芙蓉殿，渌水亭边碧水菱荷，皂甲屯明珠（其父，清重臣）花园西花园有莲花纹汉白玉栏板……莲与纳兰性德的生活、创作有着密切的关联，与他的精神始终同在，而且，也正是由于纳兰性德爱莲才成就了莲素宴的美名。

李氏御厨家学渊博，深谙美食文化精髓，与纳兰公子又同有佛缘，经常自创些素食新菜与纳兰公子花前分享，于是二人经常将菜名、寓意联系到莲花，不觉间积累了很多以莲为题的素食佳肴创意，这才有了后来为孝庄太后办寿宴的莲素美食基础，也就是今天流传下来的"莲素宴"的雏形。

文案五：不经意的温暖

人潮熙攘，我又是碌碌独行，停在这窗明几净中享享发呆的福。

服务生是新来的，不认识我这样的老客，生涩地推荐着"莲素空间"的招牌菜，笑得很像少年时候遇见的总爱犯错的邻家小妹。我心里忽然很愉快，少有地想开一下玩笑，说自己第一次来，让她随意推荐。小姑娘很实在，说那就来份招牌山药和烤口蘑，再配份穿心莲吧。我说好，又不由得一愣，这几道菜恰恰是我爱吃的东西，几乎每次来必点。这是天意吧，也许正是人世间有这样偶然的温暖和喜悦，才让我如此地流连。

菜上齐的时候那姑娘送来盘水饺，说今儿冬至，老板给每桌客人送上一点儿小心意、一点儿小祝福。啊，冬至了，一年里白昼最短、黑夜最长的一天，漂泊的人难得在长夜来临前收到一份不经意的温暖！

夜，静静地来！心，轻轻地暖！

三、"莲素空间"品牌建设互动活动设计

相对于传统媒体而言，社会化媒体多样化的传播平台可以多方面展示一个品牌，在 2017 年前后，当时的餐饮业社会化营销刚兴起，很多企业中没有人会做。最流行的是微博、微信等平台，在餐饮界大众点评、美团网等网络平台可以使受众认识到一个餐饮品牌的静态细节，而土豆、优酷等视频分享网站则令受众对一个餐饮品牌产生动态和全面的认知。

在互联网时代一个餐饮品牌要成长起来，必须借助社会化媒体塑造和有效地传播，社会化媒体是餐饮品牌的发展重要媒介。而餐饮品牌在传播的过程中更重要的是其所传递的信息最终被消费者所接受，所以，受众在品牌传播中的地位是十分重要的。在以产品为导向的时代，餐饮品牌在市场中的认知程度、美誉度以及形象依赖于菜品的外观、味道以及价格，餐饮企业通常从现有的产品入手，同竞争产品进行对比，根据受众的个性化

需求，为品牌确立与众不同的定位，最后通过各种传播手段展现给受众。

在社会化媒体带来的传播方式多样、反馈渠道便利等优势后，也增加了受众对其认知上的风险。一方面，社会化媒体带来的议程设置环境的变化使餐饮品牌的所有者不再是餐饮品牌传播的信息源，品牌所有者与受众的界限由明显变得模糊，受众对自身认知的餐饮品牌进行传播，借助社会化媒体平台使传播的速度更快捷，餐饮品牌传播的正面效果和负面效果，是品牌所有者不易掌控的因素；另一方面，社会化媒体平台带来的舆论监督环境的变化，让受众拥有了自己的话语平台。在餐饮业和受众利用社会化媒体平台进行品牌传播的同时，其他受众会履行"把关人"的任务，餐饮企业对品牌进行过度美化或有的受众对餐饮品牌进行刻意贬低时，其他受众会发表真实的观点和看法，对于不了解该餐饮品牌的受众，他们会结合从社会化媒体平台中得到的意见和看法，形成对品牌的认知，认知情况的正面和负面往往决定着受众是否会进行消费，这也是品牌所有者不易把握的因素。

社会化营销带来了餐饮品牌传播观念的重要转变，因此，在创业实践中，莲素空间的品牌核心价值确定之后，其在危机四伏的市场竞争中仍然能够保持本色，在品牌的建设过程中一如既往地传承品牌的核心价值，才能使得餐饮品牌在稳定中永续发展。

为了进一步扩大"莲素空间"的品牌影响力，打造素食健康的理念，在食客中建立持久良性的互动口碑，以及为了自我营销创造更多的素材，莲素空间将启动系列素食体验、赛事活动，具体策划方案如下。

方案一：跟我学做素食 做健康美食达人

（一）活动内容

"莲素空间"选出2~4个销售爆款菜作为学做的素食菜，将选手组织到莲素空间，让他们分批次向厨师长学习菜肴的烹饪。在学做之前和过程中，加入健康素食的理念、素食营养搭配、素食烹饪技巧，以及说明使用一些不规范、不标准的烹饪食材（如劣质豆腐）或者配料可能导致出现什么样的情况，以突显莲素空间的质量和信誉。活动最终达到传播健康理念，提高莲素空间的美誉度和品牌宣传的效果！

（二）达人遴选及报名方式

一是重点针对已登记在册的会员，抽出专人进行电话邀请，说明活动的形式；二是通过微信公众平台直接推送消息，并明确报名方式；三是在微博招募一些网络上比较活跃的美食达人；四是通过宣传单和易拉宝海报招募。若报名人多，遴选方式可采用摇号抽选、直播抽选或者其他。

（三）活动组织形式

学员共同听、看、学烹饪和相关知识后，分组进行实践，厨师在内的评委（可尝试邀请新浪、东北网、龙江在线、大众点评等平台美食板块的相关人员参与点评）通过分项打分，评出优劣。

（四）奖项及奖品设置

活动暂设置优秀奖、克隆奖、特别奖（针对60岁及以上老人或者小孩）。

方案二："素味谋面"素食创新大比拼

（一）活动内容

1. 方式一：自创菜品。

参赛选手确定后，选手首先自己申报需要用到的材料，由莲素空间准备，然后选手到现场亲自烹饪素食，最后由评委进行评选。

2. 方式二：指定食材，半命题比拼。

首先比赛可以分成几个主题，比如鲜香主题、香辣主题、酸甜主题、煲汤主题，然后选手到现场后，向他们提供同样的食材，数量略大于实际使用量，选手用自己熟悉或者构思的想法来烹饪菜品，最后由评委进行评选。

比赛过程中，对健康饮食和安全饮食的传播理念贯穿始终！

（二）达人遴选及报名方式（同方案一）

（三）活动组织形式

按照内容方式组织比赛，邀请厨师在内的评委（可尝试邀请新浪、东北网、龙江在线、大众点评等平台美食板块的相关人员参与点评），通过分项打分评出优劣！

（四）奖项及奖品设置（同方案一）

方案三：高校健康素食大赛（或其他受众主题）

活动内容：每年各高校都会举行烹饪大赛，"莲素空间"可以独家冠名或联合冠名某一场素食主题的大赛，来扩大营销力并且传播素食理念。

之所以选择高校群体，是因为大学生是极富活力的群体，而且烹饪大赛是很多高校都有的活动，植入相对容易，而且哈尔滨哈西万达广场附近的高校并不在少数，可以一举多得。

具体赛事活动可以是一场主题的素食展示，也可以是系列的素质比拼，还可以是两所高校之间的对抗，抑或哈尔滨市各高校和餐饮协会联合办活动，素食是其中一场的主题等。

参考文献

程凤云，2019. 基于高职产教融合、校企合作框架下的实践思路探索［J］. 营销界（32）：226-227.

胡伏湘，2019. 湘菜烹饪人才"大师工作室培养模式"研究［J］. 大视野（1）：33-37

李凡，2012.. 以"大师工作室"为平台探索蜀绣人才培养模式［J］职业时空，8（2）：58-59.

刘雪峰，2014. 技能大师工作室内涵及其作用分析［J］. 四川旅游学院学报（1）：80-82.

孟韬，赵楠，刘炜亚，等，2018. 探索大师工作室实现高职院校人才培养模式变革的研究［J］. 科技资讯，16（27）：169，171.

王飞，2013. 湖南湘绣专业人才培养模式改革研究［D］. 长沙：湖南师范大学.

王建良，2014. 立足苏作道技相融传承文明：苏州工艺美术职业技术学院工艺美术教育教学改革与实践［J］. 苏州工艺美术职业技术学院学报（4）：1-4.

吴萍，徐玉梅，陈珊，2019. 纺织类非遗大师工作室在高职服装专业人才培养中的作用及建设策略［J］. 职业教育研究课题（6）：73-75.

周敏，2015. 非遗技能大师工作室在高职校建设的优势分析［J］. 才智（2）：232.

仲溪，2015. 苏州非遗项目传承中校企实践工作室的制度建设［J］管理观察（36）：141-142.

张薇，2015. 苏州非物质文化遗产传承技能大师工作室运行与现代学徒制人才培养模式有机结合［J］探究（19）：1.

郑忠阳，2012. 基于产教融合的旅游市场社会化营销体系构建探索与评价［J］. 职业技术，20（5）：73-77.

张金果，2018. 技能大师工作室对高技能人才的培养探讨与思考［J］. 智库时代（48）：243-244.

张春华，郑叶子，2023. 网络营销类创业中的校政企三方协同机制实践与研究［J］. 对外经贸（5）：152-155.

张海鹰，2024-01-10. 哈尔滨是怎么变成"尔滨"的［N］. 黑龙江日报（001）.

李贞，2024-01-10. 这个冬天，"冰城"缘何热起来？［N］. 人民日报（海外版）（005）.

附录　社会化营销实践的原创作品

社会化营销是一个不断发展和变化的领域，只有通过真实操作案例，才能够深刻理解它的实践性和挑战性。笔者在工作中，曾参与了一些成功的社交媒体营销活动，通过精心策划和执行，成功地提高了品牌知名度和销售额。这些案例让笔者认识到，成功的社会化营销需要充分了解目标受众，制定有针对性的策略，并不断优化和调整方案。在这一过程中，笔者也更加熟知如何利用社交媒体平台进行有效的营销推广，以及如何与客户建立更加紧密的联系，如何更好地利用数据来评估营销活动是否成功，并根据数据反馈进行调整。

同时，在社会化营销过程中，内容创意和角度创新是社会化营销作品创作的核心。只有创造出有趣、吸引人的内容，才能吸引用户的关注和互动。此外，我们还需要不断尝试新的方法和策略，以应对不断变化的市场环境。

一、以企业主视角创作的企业文化故事连载

在传统营销模式中，企业往往处于被动地位，缺乏自主权和话语权。各种媒体，如电视、广播、纸质和户外媒体等，牢牢掌控着企业的营销策略和传播渠道。然而，随着自媒体时代的到来，企业终于有机会摆脱媒体的束缚，开始掌握自己的命运。

自媒体为企业提供了前所未有的自主空间和话语权。企业若想在这个领域中脱颖而出，实现真正有效的自媒体营销，必须具备自媒体的思维和策略。

（一）自媒体思维的重要性

1. 用户思维：企业要站在用户的角度去思考，了解他们的需求和痛

点，为用户提供有价值的信息和解决方案。

2. 互动思维：企业要与用户保持密切互动，倾听用户的声音，回应用户的问题，建立起信任和口碑。

3. 创新思维：企业要敢于尝试新的传播方式和内容，不断挑战传统的营销思维，以创新赢得用户关注。

（二）企业制定自媒体策略

1. 定位明确：企业要明确自己的自媒体目标受众和传播方向，有针对性地制定营销策略。

2. 内容为王：企业要提供有质量、有价值的内容，吸引用户关注和分享，提高自媒体的知名度。

3. 传播渠道优化：企业要善于利用各种自媒体平台和工具，拓宽传播渠道，提高曝光度。

4. 数据分析：企业要关注自媒体运营数据，不断优化内容和策略，实现精准营销。

总之，企业在自媒体时代要学会自主思考和主动出击，掌握自己的营销命运。只有具备自媒体思维和策略，才能在激烈的市场竞争中立于不败之地。在这个信息爆炸的时代，企业应充分利用自媒体的优势，与用户建立起更为紧密的联系，实现品牌价值最大化。

企业主是企业的灵魂，最了解企业，最能代表企业，企业主应该成为企业最优秀的宣传员，并自觉成为企业的代言人。以下是忆田上服饰公司在开展社会化营销中以企业代言人角度创作的表达企业文化内涵的原创连载。

忆田上服饰品牌故事连载——我是一个裁缝的女儿

写在前面的话：刘岳，知名原创服装设计师、企业家，"曾子"品牌皮装、"忆田上"品牌棉麻服饰主设计师，忆田上服饰公司董事长。在此，分享她和她的团队为了梦想一路跋涉的故事。

一

正如人们说的，旅行不该忘记最初的梦想，应记得出发的地方。值得骄傲的是，忆田上，一直在沿着最本真的梦想前行。今天，忆田上开始拥抱互联网，我喜悦无限，感恩在心。当再次谈及如何爱上服装设计，我心中再次升腾起一份挚爱与神圣，因为那是饱含着爱与责任的生命传承。

我的家在一个北方边城的郊区。爸爸身体不好不能干重活，妈妈担起了养家的重担。母亲的勤劳和才华，让我至今感到难以置信。那是怎样一个含辛茹苦的母亲，怎样一个撑起了我梦想世界的女神？为了生活，她在忙完别人家女人和男人都要干的所有活计以外，竟然还成了远近闻名的裁缝。"裁缝"，可以理解成早年的将服装设计和制作合一的一个职业。在初中前我没有穿过买的鞋子和衣服，穿的都是妈妈做的。她常常坐在炕上缝鞋底，使劲的时候弯了后背，她背上有"小山"凸显，我就会摸摸她的"小山"，依偎着她睡着了。

我们家姊妹六个中，我最小。虽然家里很穷，但母亲的勤劳和智慧却让我有了和别的女孩不一样的"奢侈"爱好：喜欢漂亮、独特的衣着，喜欢自己动手创造意念中的美感，好像我注定就是为女人的美丽而生的。小时候只有大姐和我有机会穿新衣服。大姐穿真正新的，我穿翻新的。其他三个姐姐都是穿大姐穿过的，一件衣服轮到我穿时，不是破洞就是褪了色。但妈妈总会把翻新后的衣服绣上好看的花给我穿，以至于我经常被伙伴围观。邻家姐妹隔几日就抱着一块布料求妈妈帮忙做一件，妈妈再忙都不会拒绝，一定会笑着收下，然后我一定会在午夜梦里听到妈妈踏缝纫机的声音，那声音一直穿过岁月，陪我到今天。

对妈妈来说，最好的休息就是经常牵着我去田里摘菜。我经常见到妈妈走在田间的身影，她身后就像有一座小山，把她的背压得弯弯，但妈妈走路永远都是扬着头，两只臂膀甩起来的幅度很大。她走得很快，我基本上是一路小跑跟着她，我身上衣服很旧，但绝对是别致的衣裳，脚上穿着妈妈做的麻底布鞋，在开满鲜花的黑土地里，像长了翅膀在飞。

母亲忙碌的身影、驼着背昂起头的姿态，特别是能把农村最普通的布料变成艺术品般衣服的手艺，是我从童年便开始接受的职业教育，那是一份血脉中的热爱和梦想，一株童年就种在心里的太阳花。

二

23年前，我偶然看到一个朋友穿了一件淡粉色柔毛的毛衣，是手编的毛衣外套，让已经有了一些服装制作方面经验的我，第一次被服装的创新震惊了。原来，毛衣还可以穿出如此温柔又舒适的感觉。我马上去问她从哪里买来的，原来这是一件手织毛衣，织一件的手工费要80元，而且付款后要等一个月才可以披上。当年这是天价的手工费，但我还是决定"等"一件。

其实，我等的不仅仅是毛衣。我感到酝酿了好多年的希望被点燃了。拿着毛衣找到知己冬儿，像与闺蜜分享恋爱的感觉一样描绘我的梦想：我要设计出不同花样的毛衣，再找到一群织工帮我织做，每件毛衣样子只织一件，一定好卖，那样再开间铺子，就可以赚钱了。

没想到冬儿大赞，当时就说：岳儿，你一定行的，我一共只有 4 000 块钱，全借给你，赚了还钱，亏了就当学习了。

人生得一知己足矣！更重要的是，在我人生路口冬儿还如此豪气坦荡。没有得失的权衡、没有狭隘的退缩，这是何等的胸怀？后来再遇到坎坷，冬儿一直是我最有力的支持者，甚至在 2008 年我事业低谷时抵押了房产为我贷款……我不敢简单地说感谢或者感恩，这是一生一世的情谊，无以回报，只能用心做好我的服装，把对你品格和情谊的眷恋，对母亲传递给我的生活态度、美好的童年回忆都做进我的服装，我还起了一个诗意的品牌名：忆田上。

后来，由于我的毛衣款式新颖独特，毛线又用的名牌——三利品牌，手编毛衣在小城里风靡，很快热卖，供不应求。关键时刻，我的姐姐们都来帮忙洗毛衣，我负责定型。三个月后还了冬儿的本金。一年后织工发展到近 60 人，我开始了追逐梦想的远行……

回想 23 年风雨路上，还有很多和冬儿一样的至爱亲朋，以及你们伸出的有力的手、为我撑起的伞……我是如此的幸运，可以有爱在心，可以有你们温暖同行。你们的信任和情谊，才让我一路走得如此优雅、如此坚定，今天，也才有了"忆田上"这个品味真情、回归本真的品牌。

三

我至今想起第一次创业，还很温暖和后怕，当时根本没有多想，也许是一种冲动抑或一种任性，怀抱那有温度的 4 000 元和冬儿的支持，就兴奋地上路了，对于经商一切未知的我开始了人生的第一次追梦。

我不懂毛衣织法，就到书店里买回各种毛衣编织书，城里找不到织工，便托阿姨到农村找冬闲的妇女，联系了几人后就背着几斤毛线带着几本编织书到农村大姐家研究毛衣的款式和织法，经常早班客车去、晚上赶最后一趟回城的火车。

村子离火车站有一段山路。北方的初冬零下十几度，每次往返，我披着棉大衣坐在表弟开的没有篷的三轮车里，要紧握车厢的边缘，不然一定颠飞出去。很多次我在寒风中还是累睡着了，但猛一颠簸又被惊醒，打个冷战睁开眼睛，看见月光照在洁白的雪上，优雅银亮，便豪气顿生，连耳畔三轮车金属的撞击声和呼呼的风声，都像音乐一样动听……以至于20多年过去了，依然喜欢那月光下的旷野，怀念北方雪野里明亮的月光！

农村的大姐心灵手巧，按照我画的草图，只要看书上的织法，很快就能把最漂亮的毛衣织出来，只是织回的毛衣脏脏的，需要洗干净、整烫定型，这些工作由我一个人完成。

毛衣织回来了没有地方销售，我四处求人找摊位，贵的租不起，便宜点的一时租不到，这时家里的毛衣已有近100多件，再租不到摊位第一批进的线就织没了，没有资金进第二批线。就在犯难时，我又有贵人相助，终于在商场的最角落里弄了个小摊：一个不到两米的木板墙面，月租800元，于我来说虽然是仍不便宜，但我没有退路，租了下来。

没有模特就自己当，没有道具就把毛衣挂在衣架上，然后挂在铁链上成排展示。在近三个月的努力下店铺终于开张了，第一天挂货就卖了三件，每件净利润60元。记得那天回家的路上，北方的迎春花正好开了，我低头去闻香味，全黄色的花瓣上有我的泪珠。

从此，我没有停下过脚步，梦想在那么多的爱的滋润下，启程了。忆田上人，记得艰难，懂得感恩。23年的跋涉，有一程程风雨同行，也有一次次挚爱离别，但从不因山海变幻忘记梦想，一直坚持用心去感知女人，用心去寻找有百花开放的绿野，为了陪你一起优雅漫步，看青春细水长流。

四

正如所有的成长都会遇到坎坷一样，我的创业很快遇到了第一次打击。

也许是经商的观念问题，加上当年自己还不懂品牌保护，也没有产权意识，我们的产品很快就被模仿了。最糟糕的是，市场上以次充好的仿冒品还因价格低廉，销量超过了我们的正品，抢去了我们大量市场，生意逐步下滑。

在关键时刻，和我一起长大的香儿来看我，听了情况一副主人翁的样子说：他们学，咱们就弄他们学不了的，让他们跟不上不就好了？咱有设计，可以再加上机织的工艺，现在机器织出的都是传统花型，款式受限制，我们可以试着用机器模仿手工织法，还可以分片织不同花样，再组合成衣。我眼前一亮，说："好主意！但一时间也找不到这样合作的人啊？"她义不容辞地说："我来。"我大叫："哈哈，太好了，我出款式，你负责织。"

就这么简单，就这么敢于担当！真正的朋友就是这样，会在你最难的时候，无所顾忌地给你最有力的支撑。

香儿回家立刻和丈夫商量，第二天就行动起来。她咨询买机器、学织法使用，没几天就把机器搬回家开工了。她和丈夫负责研究机器模仿手工花样织法，拼织衣片儿，还请心灵手巧的婆婆帮她组合成衣。半个月后一件创新的机器织毛衣上市了。

织毛衣织得好不好不仅看款式外形，感受柔软度，最关键的要看接线头隐藏得好不好。香儿总能把这些工艺处理精细，不管怎样催单，她从不偷工减料，保证毛衣的质量。她织的毛衣厚度平整、拉线均匀，而且每次送来的毛衣都是洗干净的，每一件毛衣都堪称珍品，于是很快就出了名，每天织出的毛衣全部卖光。甚至到后来转到其他品种时，还依然有很多人来订织香儿的毛衣。

有了香儿助力，生意有了起色。但是天妒英才，2014 年春天她因病走了。现在每提起香儿，我都难免哽咽，虽然她已看不到忆田上服饰今天的成长，但我能想象她在天堂美丽的样子。我有她的陪伴、支持，那时每个辛苦的日子都变得那么美好，她给了我温暖一生的情谊。她的执着和敬业也是我后来对待事业的标准和动力。忆田上服饰的企业文化中有一句"一针一线缝经典"，便深深地饱含着我对香儿的怀念。

有一种挚爱叫患难与共，有一种怀念叫铭记传承。

五

生意在艰难地继续。

当时手织毛衣已经布满各条服装街，而我们的机织产量少，虽然起早贪黑地织，但一天最多织四五件，产量有限，特别是我们一直坚持使用质量好的品牌毛线，成本太高，无法打价格战，利润很薄。生意依旧难做，不久又陷入了危机。

是随波逐流，还是坚持梦想？想起母亲昂起的头，想着姐姐们的信任，看着香儿、冬儿支持的眼神，我知道，我不能对不起信任我的顾客！在品质、诚信面前，我别无选择。又是一个迎春花开的日子，我含泪放手，毅然退出毛线编织市场。

有时候现实并不青睐你的梦想。

我坐在那里苦苦地想不如走出去寻找机会，于是和家人商量去沈阳找货源。老公劝我别干了，让我在家待着，他养我。但他看着我坚定的眼神，不再言语，悄悄地去火车站买了一张卧铺票。第二天早上他把我送到火车上，反复叮嘱着一路注意安全、早点回家。多年来，他每每的送行都是满满的不舍和牵挂，每每的接站都满是欣喜和放心的笑，每每的叮嘱反反复复就那几句话，一直到今天依然没有改变，在我听来却美过海枯石烂的誓言。

我到了沈阳就去了著名的五爱市场。那时的五爱市场早上 5 点就开始营业，市场是露天的，简易的一排排大棚，边上标记着摊位号码，到处都是嘈杂的新款、爆版之类吆喝声。我随着上货大军逛遍了市场，望着各式各样的货品，一脸茫然。这里大多都是流行时装，我若跟货大家会出现价格竞争，都赚不到钱，选什么呢？

我无意中走进一个人比较少的区域，这里出售鲜嫩颜色的睡衣，各式各样的都有，我来回走了两遍，边看边问价格，心里有了谱，这可是市场里少见的品类。我仔细回想了市场的经营品种，确实没有睡衣，这时我决定选些货品带回去试卖。

我选了 20 多款回家试卖，没想到生意非常不错，每天销量十多套，而且利润可观，后来我又增添了内衣品种，店铺也由原来的小墙面变成了一个近 30 平方米的店面。生意逐渐有了起色，而且回头客很多。

可好景不长，命运又同我开起了玩笑，当我把全部积蓄投入睡衣和内衣，准备大干一场时，商场却被一场大火烧掉了，一夜间所有的努力都化为灰烬。

在北方极寒的冬夜，我辗转反侧，欲哭无泪。生活也许有很多次考试，就是要度量你追求梦想的决心。明天不知会如何？但有家人的理解和支持，此时的我，早懂得不臣服于命运的安排。

淡去哀怨，重来！

六

1999 年被大火烧过的商场翻建成了更大规模的商场。我幸运地申请到了商场里较好的位置，店铺面积比原来的增加了一倍，将近 70 个平方米。我又开心又紧张，开心的是我的生意扩大了，紧张的是有了这么大的店面经营什么品种呢？附近的批发市场已没有什么特别的货品种类，想到同行们经常谈起广州市场品类超多，我决定去广州选货。

那时候的广州市场是国内最时尚、最流行的潮流前线，我带着一份忐忑与期待出发了，到广州来不及休息就进市场看货了。当时的广州服装市场对我来说太大了，各式新潮服装让我目不暇接。因不熟悉市场的分布情况，我无意间走进了皮衣市场，这个区域特别冷清，除店主外几乎看不到人。由于皮衣在疯狂流行过后已进入了萧条时期，正当我感觉自己走错地方，准备离开时，一家小店里挂着几件深金色的皮衣却吸引了我。

这家皮衣的皮料特别柔软，穿在身上同布衣的感觉差不多，而且这是我第一次看见这么时尚前卫的皮衣款式，这是在小城里从未见到过的。我边试边询问产地、价格，从聊天中得知这是一个香港人经营的店铺，皮料全部自意大利进口。

不知不觉中，我用了一下午的时间在这试遍了各种款式，脸涨得通红，手都快要发抖了。从血液里继承来的对服装的敏锐感知，让我暗暗下定决心：我要专做这家的皮衣。

就这样的一次选择，让我开始了皮衣的经营，并一发不可收拾。

我后来常想，梦想的实现，靠的是什么？除了自己内心的坚守，最重要的是有那么多人的信任与支持、那么多人的无私的爱。没有对信念的坚守，梦想如昙花一现。没有爱的滋养，梦想难免干涸。在我回到家乡创办公益性的残疾人服装厂，想做些力所能及的事回报家乡时，友人送我一句话：忆田上人故里归，折翼天使为爱飞。我想，这也是对我及忆田上服饰的理解吧。

七

在市场低谷期进入皮革服装市场，这个选择无疑有巨大的风险，但是，我相信自己的判断，更喜欢挑战。我特别欣赏当时流行的一句歌词：不经历风雨怎么见彩虹？也许是受童年母亲的奋斗精神影响，既然有了梦想，就要不断追寻、百折不回。

我第一次去广州进皮货，那家的皮衣品质优良但价格昂贵。当时我带去的资金最多能选四五十件，仅这些皮衣不能挂满 70 平方米的新店。我还要考虑配些其他的货品，陪我一起来的妹妹建议每一款少带几件，多选些品种。于是选了 30 件皮衣，余下的钱又选了些搭配皮衣的裤子、靴子和流行饰品。

由于款式和质量一流，在皮装市场萧条的情况下，我的生意竟然意外地顺利，靠着自己积累的信誉和选货时自己对服装的独特理解，加上皮衣可观的利润，经过三年的努力，我在小城里重新站稳了脚。

到了 2001 年年初，不肯停下脚步的我，开始有了进入批发市场的资本和念头。父母知道后极力反对，特别是最疼我的爸爸，百般不同意，舍不得已经温饱无忧的我离家这么远去打拼。

已经下定决心的我，只好请大姐出面说情。大姐比我大很多，我的人生字典里，大姐这个词意味着依靠、责任、付出、担当。当时正在广州给未成年女儿作陪读的大姐，接了我的电话，像做一生中自己的一个重要决定一样，仔细斟酌后，开始做爸妈的工作。几经协商，最后她毅然决然地决定把女儿一人留在广州，陪我一起到哈尔滨，爸妈总算同意了。

就这样，大姐陪我在这个既新鲜又陌生的城市，从零开始做起皮装批发生意。这一次冒险中最辛苦的是大姐。我虽然在哈尔滨多年，但是停留的时间很短，多半时间都在外选货发货。实际上店铺几乎是在大姐用心经营下发展起来的。

批发市场六点半开始营业，北方的冬天亮得晚且非常寒冷，大姐每天顶着零下二三十度的风雪天，六点就要出门，风雪不误。

做批发不同于零售，特别是资金的需求。她知道我缺资金，就四处向朋友借，她把自己的房子抵押了借钱拿给我用。

我在省城创业有艰辛有困惑，但大姐一直在我身边。一声无助的轻唤，一个难受的表情，大姐都会出现，并且一定会想出办法解决。我知道，这就是人们说的——福分。

皇天不负苦心人，来到哈尔滨的第一个冬天，局面就打开了。两年的时间，在批发市场的生意逐渐红火，并开始小有名气。

我无数次回望来路，每每想到大姐都会泪流满面，她既是姐姐又像妈妈。多年来，无论在事业、生活还是在思想上，她给予的支持、守护、照顾都让我刻骨铭心。那些过往的艰难里，情真血浓，不敢稍忘！生活与奋斗，最后感动了岁月的，其实是一份充盈内心的爱。

八

到了 2003 年，哈尔滨店铺的生意日益红火，我开始奔波往返于海宁和哈尔滨订货。当时海宁宾馆的房价很贵，我又经常需要在海宁等着订货，为了节省费用，我决定在海宁租一间房子。

缘分总是不期而遇，这时我认识了房东朱大姐，我又迎来我生命中的一个贵人。她是一位热心的大姐，搬家的时候和姐夫一起来帮忙，把里外清理得干干净净，还经常给我送吃的，就像是亲姐姐一样，方方面面非常照顾我。房子虽然是租的，在这个陌生的城市里，我却感受到了温暖。

人要拥有一颗善良和温暖的心，接纳别人，温暖别人，才能认识自己。从朱大姐身上，我又学到了人生的一种美。我同时也告诫自己要记住风雨路上的每一次援手，不负有缘人。

就这样忙忙碌碌地到了第二个年头，生意日益兴隆，订货量也与日俱增。有一天，朱大姐问我："岳儿，你订货量这么大，自己又会设计，有没有想过开一家工厂？"大姐的话点醒了我，让我内心躁动不安，就好像是什么希望被点燃，我说："想啊！可是我什么都不会，人生地不熟的，可以开工厂吗？"

朱大姐看到我是真心诚意地想做这件事，就笑着说："人生地不熟？这不是有大姐在吗！"接着她就拿出一份做好的方案，我顿时热泪盈眶，不知说什么好。

有人说，不管一个人取得多么值得骄傲的成绩，都应该饮水思源，应该记住，是自己的老师为自己的成长播下最初的种子。朱大姐在我心里一直是我人生和事业的双重导师。

从做预算、筹备、招工一直到开厂，全都是朱大姐帮我做起来的。

在注册商标时，我首先就想到问冬儿意见，冬儿就让她的姐姐帮忙，她姐姐说："做生意不能没有文化，做自己的服装要有特色，有底蕴，不如叫'曾子'吧。"

就这样，我有了第一间自己的工厂，投产了自己的品牌——"曾子"皮装。一直到 2007 年的 4 年间，工厂、店铺的生意顺风顺水，"曾子"品牌的名声也越来越响，经常出现产品刚刚出厂，到店里还没有打开包装就被直接买走的情况，有时候货品比较少就只能供应给几个熟悉的客户，根本不用上柜台。

如果说让我今天展开一张叫情感的纸，让我执一支叫感恩的笔，写写我对生命的感受，我想我会写给我生命的父母，写给我启蒙的老师，写给我友谊的朋友，这也是在写我的一颗热忱感恩的心，写我的、你的、那么多知音共同的忆田上。

九

年轻时都会有读不懂自己的时候，也许必须走过的艰难正是成长的代价。人在高处，往往会走上下坡路。皮衣生意的顺利让我有了资金的积累，看到自己在海宁厂里的技术缝纫皮装车工，每月可以拿到四五千的高工资，对家乡的热爱让我有了一个想法：可不可以把灌装技术带回老家，让家乡的人也有这样的机会？我有了这样的想法就开始寻找机会。一个朋友听后非常支持，鼓励我在家乡办厂并愿意一起做。我觉得她有人脉、有资金、有能力，这些对我来说都是最好的资源，若是一起合作岂不是最佳？我怀着高兴的心情就把合作的事与朱大姐、冬儿商量，不知为何得到的却是不赞成的回应，被泼了冷水。那时我还不明白投机和经营生意根本就不是一回事。

当年的我已有些过于自负，怎么能听进去这样的建议呢，连老公也百般阻拦让我冷静地考虑，我却一意孤行。在我的坚持下合作就这样开始了。

2006 年 6 月佳木斯林枫服饰成立，主要生产皮衣，但是因为是新工人、新技术，产量不及海宁的 30%。第一年工厂一定是亏损经营，我没有在意。反而在 2007 年春我为了把规模扩大，又盲目投资盖起了一栋大楼，包括规划了一个洗水厂，还直接订购了设备。

恶果很快结出。由于连续两年的亏损运营，2008 年年底合作伙伴决定撤资，还因贷款没及时还把我告上法庭，这个项目以失败告终。投资失败导致资金周转困难，我其他的店面、工厂开始受到巨大影响。

屋漏偏逢连夜雨，2008 年秋，市场上越来越多的人开始模仿我的产品，在低价的仿制品冲击下，加上管理不善，我的生意越来越差。雪上加霜的是，打版师和销售经理此时又突然离开公司。我是个不懂得销售的人，面对这一切，我不愿接受更不愿面对。我不禁想，人生中能多一份淡泊，多一份清醒，多给亲人朋友一份沟通和理解，该多好？

2009 年春，在接连而来的冲击下工厂倒闭了，清算后我竟然已经负债 200 多万元。在巨大的压力下，我想彻底放弃，从此退出这个行业。因为不想拖累老公，我甚至曾想过放弃婚姻。

在巨大的压力下，我想到了回家，想到了妈妈。也许人们在受伤的时候，妈妈的怀抱就是最好的归处吧！回家的路我走得很沉重，回想起从这里走出后的一路拼搏，潸然泪下。

我轻轻地敲开妈妈家的门，她把我迎进屋，我坐在沙发上低头不语，妈妈递一杯热水给我，和我面对面地坐下来，听我委屈地哭诉，一脸慈祥。听完后她拉着我的手用平和的口吻说："老闺女，就这点挫折就把你打倒了？这可不像我姑娘。做生意必定经历风浪，挺起腰重来！以后还不知遇到啥事呢，是我闺女就好好站起来。"

我听妈妈这么说真的有些惊讶，平时她和爸经常说，少干点别太辛苦了，够吃够花就行了，你总在外面跑，我和你爸多想你！难道我此时的决定不正是爸妈盼望已久的吗？望着妈妈那被岁月压弯的背和高昂的头，我瞬间再次感受到母爱的炙热。

我问："妈，我还能行吗？"妈妈用坚定的眼神望着我，说："行！我闺女行！做生意和做人一样，咱不能退缩，更不能赖账，你原来不就是一无所有吗？后来不是靠勤劳和智慧获得了吗？不用怕，从头再来。"

三天后我心情稍稍平静些回到家，发现老公竟然已经悄悄地卖掉了他的修配厂来为我还债，他用自己的方式来告诉我，什么是真正的"不离不弃"。那一刻，我心中的寒冰瞬间融化了。我想起自己忙碌的这些年，都是他对孩子、父母百般照顾，此时，他再次成为我生命中最坚实的后盾，我还有什么理由放弃呢？

人生是一场无法重来的旅途，总有不完美。无论如何一样会路过青春、走过中年、迈向夕阳。何必计较哪一天应该拥有多少、回报多少呢？相信自己内心的声音，不如把懊悔与纠结的时间用来再做一次素服布衣的旅行，听自己成长的脚步声吧！

十

这次的挫折中，我曾以泪洗面，曾痛恨背叛，甚至开始怀疑手足友情。但是正是那些同甘共苦的人，让我再次感动，让我懂得了患难见真情。大浪淘沙，留下的就是金子。

当时各家店铺和工厂没有办法继续经营了，全部低价转让，只保留了哈尔滨和广州市场的两家门店。我和2007年加入公司的谌惠敏师傅在广州的市场附近租了一套民房，在七楼，是顶层，但租金便宜又安静。就在这个小屋里，我买了两台缝纫机，搭了一个打版台，开始了布装的开发。

但并不是所有的努力一定有好的回报。由于做时装与皮装不同，冬季开发出来的产品再生产就会不应季。我的服装上市时有的其他店铺已经开始降价了！产品出现了积压。眼看转让的钱要花光了，几个月的拼搏换来了一堆过时的库存！我有泪水更有不甘，怎么办？

那时候我还不明白停止错误才是正确的开始。我越看着其他商铺生意旺，就越急！我却忘记了理性分析问题的所在，正所谓欲速则不达。

正在这时读高二的儿子打来电话：妈，你回来吧，我需要你！

接完电话，我有些奇怪。这些年儿子跟着我来到海宁，我没怎么照顾他，他却养成了很好的独立性，有困难的时候就和姨父说说，从来不会要求妈妈的照顾！今天这是怎么了？我一夜无眠，第二天和儿子长谈了一次，儿子坚定的语气让我明白了孩子的苦心，懂事的孩子是怕我累啊。

但孩子也的确高考在即，思考再三，我决定放下广州刚刚开始的生意，和谌师傅商量由她把余下的事处理好。我又和负责打版的石师傅说明了情况，问他："你愿意跟我回海宁吗？"因为就现在的状况，工资不会很高。虽然石师傅平时没有过多的言语，但他说了句："姐，我听你的！"于是她就和助理桃子一起来到了海宁。此后最艰难的岁月里，石师傅默默地付出，无怨无悔。转眼9年过去了，他也还在忆田上！

陪儿子考大学的日子，艰难而温暖！我已经很久没给儿子做饭了，这时能每天晚上做好饭等他放学回来，看着儿子吃得那么香，心里却酸酸的……儿子知道生意困难，从不挑食。记忆最深的是他安慰我时说的话："我妈特别会过日子，做的菜里能吃出肉味却看不到肉，必须是吃到盘底，才能看到星星点点的肉星……"无论如何难，那段日子我每天陪在儿子身边，心里无比踏实和知足。

照顾儿子的同时，我没有放弃。亲情疗好了我的伤，而同甘共苦的友情更让我开始远离厄运。他们是我一生的良师益友。比如谌师傅，在公司转型资金紧张的时候，不惜把儿子娶媳妇的20多万元拿来支持公司的运作。在她的带动下，团队所有人4个月只拿生活费，帮我渡过了最大的难关。她在近 10 年的时间一起陪我守护着品牌，从未计较过得失，后来建绣花厂，担任福利厂法人等关键时刻，也都有她坚强的身影，见证了公司的起落。而在我的世界里，她就是工匠精神的化身。

很多像石师傅、谌师傅默默支持我的人，让我至今不敢稍忘。记得一年夏天，7月、8月是江浙最热的季节，连续高温的天气令人窒息。工人们每天从早上 8 点干到晚上 10 点半，除了午饭和晚饭时间休息会，在没有空调的宿舍里吹着电扇，他们没和我抱怨过一句苦和热，我偶然在他们聊天中才得知，他们晚上洗了好几次冷水澡降温……

我的朋友、亲人，请允许以我深深的鞠躬来表达我真诚的敬意吧。正因为与这样的一群人同甘共苦，我才会义无反顾，忆田上才有梦想花开！

<h2 style="text-align:center">十一</h2>

回看这次重新创业，那些苦中有乐的日子，是我最留恋的安静时光，近乎清贫却温馨有爱的日子，让我领悟到人生中的另一种境界——当一个人肩负责任和情感，放下名利来专注做事时，轻松简单，高效快乐。

我白天到厂里安安静静做设计，下班安安心心陪儿子，日子平凡而温暖。因无足够资金租厂房，我在距离家不远的区域选了一间年租金 2 万元的民房，很破旧，墙壁黑漆漆，到处是霉斑灰渍。房子共两层，每层面积 90 多平方米。一直与大姐一起陪我拼搏的大姐夫亲自动手用涂料把屋子粉刷一新，把各个部位所需电源安装好，大家一起再把玻璃擦得干净透亮，房子一层作厨房、饭堂、仓库、宿舍，另一层用来打版、做样衣、裁剪和办公。我的"设计室"就是不到 10 平方米的厨房。一把椅子已经占用了活动的空间，我索性把厨房台面利用起来做办公桌，头上是橱柜和抽油烟机，房东做饭的油污经常滴到办公台面上，我为了防护就用报纸把排烟罩糊上。

当时仓库里积压了 3 000 多件皮衣和几千件库存牛仔裤、毛衫，原料库里有些剩余的过时的面料、里料、扣子……现在可利用的资源只有这么多。当时，我上一年的原料欠款还没还上，已经不能再到供应商那里欠款拿皮料了。师傅们的智慧再次为我找到了出路：他们把长款大版皮衣挑出来拆掉，根据可利用皮片的结构调整衣服的分割线，大部分用布相拼……

晚饭后师傅打电话给我兴奋地说："样衣出来了很时尚、很特别。"我忍不住飞奔到厂里试样衣，没想到的是皮衣与布料配合后既合身又舒服，而且很难仿制。

这个方案可行。我们第二天开始行动，但牛仔裤的颜色过浅，和皮不能协调地搭配，怎么办？染色！没有染料从广州发回，没有染缸用汤罐。

在二姐带领下，大家开始拆衣服、染裤子。牛仔裤的线特别结实、必须用力拿剪刀剪，二姐的手不知磨了多少大水泡，她还要在大热天烧炉子染布料……两个月时间做出来了近40款样衣，我看着一件件别致的衣服，内心兴奋且不安，但师傅们兴奋地说："今年一定大卖，我们会好起来的！"

这么好的款式应该在海宁销售！我拿定了主意，悄悄地去找四姐商量："姐，我想在皮革城租店。"四姐看出我的难处，她说："你先去看看有没合适的，钱不够一起想办法。"根据当时的行情，租金很高，我最后选定了一间19平方米的小店面，租金近40万元。这对我来说太贵了，我却在店前走来走去不肯离去。四姐说："我帮你筹一半，其他你自己解决。"后来我才知道四姐把自家的房子抵押给朋友筹得了20万元。在四姐的鼎力支持下，我总算把店面租下来了。但装修怎么办？我给朋友刘洪亮打电话说明了情况，她从东北老家以最短时间赶到海宁。我没有太多的资金，她就用最便宜的艺术贴纸、钢丝悬挂、墙面手绘，全靠自己的手艺来帮我做装饰。一间用友情装修起来的特色店面很快出现在众人面前，与众不同，温馨有爱。

一切的一切都从这个特色小店开始了！小店从第一天营业就顾客盈门。店里的营业员每天都要忙到下午两点以后才能吃中饭。本该降价清理的库存变成了经典之作，精巧的设计和艰苦的努力创造了丰厚的利润。年末不仅还清了所有的欠款，还拥有了下一年的运转资金！

吃年夜饭时，大家一起举杯豪饮，我却洒泪无语。那泪是收获的喜悦和感恩的真情。

新年的钟声响起，我悄悄出门，在漫天的烟花里，努力仰望，寻找天际的星光。一个人走在路上，心里开始平静，问问自己这一年收获了什么？那便是懂得了真情的力量！

十二

2011年的春天格外清新明媚，我也许少了商人急功近利的浮躁和短视，多了匠人笃行致远的诚信和真诚，再次创业自然顺利。上一年的积累和收获，让我重新开始思考未来的发展之路。

春节过后我和家人们一起商量，鉴于皮衣生意有起色，计划换一幢大一点的厂房。三姐听说此事后自告奋勇："我先去看看租房的价格行情，你在家过了正月十五再出门。"

多年的闯荡让我与家人聚少离多，三姐时时刻刻都这样照顾我。每当遇到困难时，三姐总是自己先冲上去。当年在海宁订货，商家将以次充好的皮衣发到家，十几万的货品出现裂皮现象，情急之下就是三姐第一时间陪我到厂家和工商局处理，最后厂家承担全部责任，我们得到了赔偿。

三姐很快找到两幢条件很好且租金合理的房子，规划好未来三年的发展。我们不能犹豫，立刻开工。生产能力够了，三姐还提议换一间大一点的店面。这正合我意，我就在皮革城重新租了一间 60 平方米的店铺，比去年的大了几倍。两个月后，一家风格独特的曾子服饰皮衣店开张了。墙壁的装修采用的是荷花手绘，家具用的是古船木，玻璃橱窗摆放水景等。这样一间别出心裁的店铺吸引着来来往往的人们，也吸引着有眼光和能力的人。不久，后来的忆田上副总朱利金加入了团队，一切都好了起来。

有人问我能一次次死而复生的秘诀是什么？我觉得不仅仅是运气和坚强，还在于有亲情和友情的滋润，在于自己是否学会感恩、尊重，在于自己的心灵能否不断地成长。2008—2010 年，我经历了不信任、背叛、诬陷等一系列打击，有时很敏感，抗拒和不信任周围的人。2011 年我遇见了生命中的一位导师——柴国荣。他既像师傅又像兄长，在我有疑惑的时候给我很好的支持和指引，从他的身上我也学会了什么是品牌的力量。通过柴国荣我还认识了"生命智慧"课程的导师吴咏仪。在反思与学习中，我对生命的认知渐渐深刻，对家人、朋友、自己的认识也有了改观。我更加理性，学会了珍惜。逐渐地，我的生活多了快乐、少了忧愁；多了笑容、少了烦恼。整个人也越来越简单快乐。

一个人用爱充盈自己，就会正确理解人生的加减法。正确的加法是：理解更多的人，加入更多的圈子，做更多的有益于他人的事。正确的减法是：减去浮躁、抱怨、逃避，让人愈发轻松地走在未来的路上。

到了 2013 年，生意日渐红火，公司开始接国外的订单。但我没有像年轻时那样头脑过热，职业的敏感让我思考：人们开始追求绿色生活了，皮衣的市场会一直好下去吗？

十三

那几年皮革品牌如雨后春笋，皮衣市场上有太多人涌进来，此刻，我感到了危机。

也许我经历了太多的挫折，内心也开始逐渐渴望本真自然地生活。在思考未来的发展方向时，这种心境自然成为主导，特别是在艰难时始终默默相助的刘洪亮让我有了思路。她是一个豁达真诚的人，但她说这份生活的安然是来自她一直经营的棉麻服饰。

我和团队骨干分享了我的想法：皮衣被季节限制，且盛行的年代已过去，现在已经到了个性化需求时代，人们对健康环保的认知越来越深。我们应该超前一步进军棉麻服饰！这个思路已经不仅仅是商业的思路，这本身也是我的追求，我要去做不再给地球增加负担，给别人带来好处的产品。

皮衣做得好好的，为什么要转变？棉麻衣服能赚多少钱？团队骨干集体反对。那段时间我慢慢和大家沟通，介绍棉麻衣服的好处，以及一些环保理念。我们要么先试试做一些看看市场的需求？有人提出了建议，大家表示赞同。

品牌名不能和皮衣的混淆，叫什么名字呢？我想起了小时候跟妈妈走过的农田，想起了陪伴我童年的乡下的家。棉麻质感的衣服天然就给人轻松、自由的感受，如果我设计出的服装融入了情感，定会让人有回归田园的感觉——忆田上，这个名字跃然而出。

心里的种子开始发芽，在寒冬过后的春天，忆田上服饰，一个饱含我和伙伴们理想的新棉麻品牌诞生了。2014年年初在团队所有人努力下成立了海宁忆田上服饰有限公司，经过四个月的时间策划装修，第一家忆田上棉麻服饰生活馆开始营业了。

那一天，我却再次流泪了。我想起了远方的家，我的这次抉择何尝不是一种心的回归呢？

家庭环境对一个人的成长有着至关重要的影响。我的父母一生恩爱，80多岁的老两口依旧牵手、亲吻。爸爸的晚年身体不好，妈妈就一直体贴地照顾，没有厌烦、无奈，只有满满的爱。我和5个姐妹1个哥哥就是在这样一个充满爱的家庭中相互支持、成长。大姐一直陪着我，二姐为了让我们可以踏实工作、没有后顾之忧，主动放弃自己的事业，专心照顾妈妈。家的力量给了我对抗磨难的力量。

我的婆婆，是一个坚强、勤劳、耿直、持家的女人。10多年的抗癌经历，让她受尽病痛的折磨，她却依旧那么坚强。有时候她怕我担心，生病了也不告诉我，怕我工作分心。

我最愧对的是我的儿子，一直在外工作，对他的照顾很少，家人对他的照顾多于我这个母亲的照顾。但懂事的他从来不埋怨我，一直都是支持我理解我。

忆，田上，更是有家的地方。

如今，忆田上服饰已经责任在肩，要为更多员工的家撑起一片幸福的天地，为更多的有缘人的家带来温暖。

十四

2015年，忆田上开始起步了。为了品牌走特色发展路线，团队一起探讨忆田上未来的发展，一致认为，产品的优良品质和独特设计才能让品牌走得更远，并确定绣花是忆田上高端产品的方向。

可我们不会绣、不懂绣啊？永远能挑起重担的谌师傅说："给我三个月时间，我来研究。"

从此她全身心投入到绣品研发中，引进设备、招工、指导工艺、试运行……三个月后，禧禅绣品坊成立了……现在禧禅绣品坊的绣品已独树一帜，谌师傅也成了忆田上的美绣娘。

摸索中，幸运地遇见了忆田上的又一个"幸运星"——林春玲，她是一个经验丰富的职场人，眼光独到，对棉麻服装有着独到的见解。在她的引导下，忆田上的服装开始有了更加清晰的定位。从色彩、结构到风格、理念，林春玲都感染了我。

她还身体力行，不仅参与设计，销售，连装修店铺、搞陈列也一起干。从她的身上我也学习到与员工的亲密相处模式。管理员工不如去影响员工，同心同行，才是企业的宝贵财富。

忆田上服饰像一株大家一起种下的太阳花，开始生根发芽了。从那时起，我们的忆田上就不仅仅是做生意了。

常常听刘洪亮说一个叫伦涛的佳木斯聋哑学校校长，对聋哑学校的孩子多么多么关心，多么多么负责。在一个不为人知的角落，竟然真的有这样一个人，不为一己私利，只是默默地为弱势群体尽最大的力，为他们创造未来的路。那个时候我就常常会想，自己也该为这些孩子们做点儿什么呢？我初到特殊教育学校，就被深深地震撼了，整洁的校园环境，一幅幅孩子们亲手制作的精美鱼皮画，最让我记忆犹新的是盲童孩子们嘹亮的歌声。我永远无法忘记孩子们不卑不亢的神情，铿锵有力的节奏，我想这将是我一生之中听到的最动人的歌声。

我想给孩子们捐一些钱，但是校长却想要我给孩子们买一些书，给老师们一些鼓励，这是他们最需要的，他希望可以让孩子们多学点东西。我知道，校长是担心孩子们的未来，钱是可以花没的，但是技术却永远是自己的。有了一技之长这些孩子未来的路可能会好走一些，我看到了校长的良苦用心，很感动。于是，我决定要把制衣的本事教给孩子们，投资建立助残制衣厂。

谌师傅听说助残制衣厂成立需要有人担任法人，又主动请缨。这是一个担责任的差事，没有利、只有责。但她说："写我名，出问题我担着！"那一刻我的内心，热血翻滚，无语凝噎。还有什么比这种担当更值得让人敬重的呢？忆田上人都是最可爱的人啊！

忆田上品牌从初创到拓展市场，一直没有什么盈利。在诚信缺失的市场里，我们不苟同那些仿冒和做淘宝快货的企业，坚持走品牌之路。材料选最好的，技师找最好的，设计投入最大的力量，销售要守信誉，还要坚持做公益，专心原创，专心品质，能赚多少钱？一个字，难！

但是，我们在坚持。

十五

梦想在心里，更在路上。为了实现诺言，我们请学校派了6名老师到海宁考察，学习制衣流程和模式，并送了20台平车、特种车、视频资料给学校，还请2006年就加入忆田上的纸样师李艳林全力配合，去工厂亲自指导孩子们。为了让孩子们更快地实战操作，让厂里有经验的师傅和学校沟通，力求孩子们学会技术，并专门设计了2 000条印花手绢、4 000个手袋让孩子们尽快熟练学习。

经过一年多的培训，孩子们开始可以独立裁剪、缝制、成衣了。终于，2016年忆田上服饰与特殊教育学校合作成立了"助残制衣厂"。所有的忆田上人，都为自己可以给孩子们做一点事情而感到开心，也为人间真情所感动。在这样一所学校里，有一个普通却可敬的校长，有一批无私付出的老师，才会有一群别样天使，他们才能对生活充满希望。

也许，忆田上服饰不能大富大贵，但我想我会坚持做最本真自然的棉麻产品，让忆田上服饰成为百年老店，让更多的人感受到名利之外的本真，爱自己、助别人……

今天的忆田上服饰，其实不是我的，是默默给我温暖的家人、朋友，以及共同奋斗的伙伴们的。在我经历风雨时，有你们的不离不弃、荣辱与共，才有今天的梦想之花含苞待放。

电商时代来了，我知道忆田上服饰必须跟上。我们的生活体验馆已经在逐步建设开业，忆田上服饰商城即将面市开售，其他电商店铺也将起步。

路很长，但我们知道，定会有你同行。有你与我们分享忆田上的快乐和理想。

二、以企业员工视角创作的企业营销文案

在移动互联网时代，企业的每一名员工都是企业最佳的宣传员。因为这些员工都有微博、微信，他们中的每一个人的社交媒体账号都是一个小小的媒体，他们在网上的一言一行都会对企业产生影响。从公信力上来说，消费者对于企业员工的言行可能更加信任。所以在移动互联网时代，企业应该让所有的员工都成为企业的对外窗口，应该引导员工在自己的微博、微信等中多去传播企业正面的信息和内容，形成全员营销的局面。

但在实际工作中，员工的写作水平各有不同，如何通过员工在日常分享中，时而发布一些有企业文化内涵的内容呢？这就需要主创团队帮助员工收集素材，合作创作并进一步整理和润色。这也是我们组织的大学生实训营成员的工作之一，要有计划、有设计地整理这些文案，并将内容进一步加工。以下文案适用于微信公众平台，也可以将内容制作成短视频发布。

文案一：那年风雨中，遇见忆田上

——朱女士，忆田上服饰（海宁）公司总经理

题记：即使生命不完美，能够走进你心里的也不会是金钱和利益，而是温暖你、感动你、成就你的爱，和一群懂得爱和传递爱的人。

今天我要去参加我们"忆田上服饰"无偿资助的佳木斯助残制衣厂的

揭牌仪式，百感交集。或许生命都不是完美的，要经历风雨的洗礼，破茧成蝶的蜕变后，我们才会接近美的内涵，学会用感恩验证岁月的庄严。

上天给你关了一扇门的时候，必然为你开了一扇窗。身为忆田上人，多年与忆田上共同的成长让我懂得，帮助有缘者寻找那扇窗，是不忘初心的忆田上服饰迅速发展的原动力之一。

作为从商者，看到公司为了公益事业无怨无悔地付出，心也慢慢地变得柔软。忆田上的企业文化是沁润在公司的所有事物中的。

为了倡导绿色、健康、环保的生活方式，公司在全国各地13家分店的开业，没有礼炮和烟花，也没有鲜花，却会有公益捐助。在业余时间，刘总还带领我们参加海宁义工活动，让我们改变思想。记得为了给海宁眼癌宝宝筹集医疗费，忆田上海宁生活馆开业那天，前100件衣服的销售金额全部捐献，还发动公司全体员工捐款。

作为忆田上人，我个人的成长又何尝不是受惠于公司的文化呢？

7年前，出生在农村乡下且文化程度不高的我，遇到了重大打击。医院的一张无情诊断书宣判并且剥夺了我工作的权利，我成了需要靠别人养活的人，那天虽然在盛夏酷暑，我却心如寒灰。

一个下着雨的午后，我漫无目的地走进皮革城，看着那些打扮时尚的营业员，金碧辉煌的皮货店铺，我连进去的勇气都没有，避开主通道，在最偏的路上游荡。但一个小小的店忽然吸引了我。背景墙画了手绘的荷花，门口是流动水景，简单的木制家具，配合着轻音乐。我忽然心里感到一丝生机和暖意。

我进去看着做工精细的棉麻和皮相拼的独特款式，搭配陈列精致个性的服装，一下就喜欢上了这家装修简单却有内涵的店。我会在这里找到自己的希望吗？瞬间我就决定了，试试！我没有做过销售，对皮装不懂，一切得从零开始，刘总也许是看上我的真诚和踏实，居然让我加入了忆田上刚刚新开的店。

生活绝不会阻止任何一个人追求美好，会在你需要帮助的时候，安排你邂逅你的领路人，只要你懂得感恩和传递温暖。

在现实社会中，忆田上用自己的包容和感恩之心，温暖了顾客的心，温暖着我们这些兄弟姐妹，才有了公司不断的发展。它从原来的4家店铺扩展到13家生活馆，从海宁禧禅纺织公司开业，到广州洪亮制衣、忆田上服饰设计公司成立……

忆田上曾经得到一张300万元的订单。由于信誉好，当天客户就付了定金70万元，公司开始购料生产，等第二笔100万元到款时，生产已经完全启动了。十天后货品全部生产好，准备给客户发货。但是天气不好，货品受潮，从而导致货品出现质量问题，公司接到客户电话，马上派人前往客户那里处理问题。几百万的货品啊，不需要理由，全部无条件退货。宁愿自己吃亏，也绝不让客户受一点点损失。这要有何等胸怀和气魄？

而我，也伴随着忆田上的成长，走出了命运的阴霾。从一个小小的店员到店长，从店长升级为销售主管，再到现在的忆田上公司高管，主管着全国13家直营店销售货品调配，把握着公司的运作和流程。我最幸福的时刻就是下班前，捧一杯清茶，伴着清雅的古筝曲，缓缓地看着生活馆里的每一件衣服，每一样饰品，每一盆亲手种的花草绿植，回想从前，理解感恩。

生活的每一天，不妨用坚强给自己找一个有力的支撑，接受一个会心的微笑，然后以感恩的心给世界一个回报！时间会让真情镀上金色。既然人生注定不能完美，那就留一点残缺让阳光照进来，接受温暖、传递温暖，给生命该有的张力和从容。

我的，忆田上，与爱同行，不离不弃。

文案二：忆田上衣缘

——林女士，忆田上服饰（广东）公司总经理

题记：对于热爱旅游，热爱大自然的我来说，风动，云动，树动，影动，一切大自然的律动都能撩拨我的心弦。

一年前我由于自身原因，不愿让奔波和忙碌，纷扰和浮躁占据了生活的全部，取而代之的是一步一步乞，一步一步舍。一次偶然的机会，我遇见了忆田上广州缤缤店，当时店里播着和缓的音乐，室内柔和的灯光，一排排浓浓禅意味的衣服简约自然、清新舒服。它没有繁复的设计，没有固定场合的约束，也没有珠光宝气的浮华，这一切都引起我心中的回响！

我因衣结缘，从此，一发不可收拾，深深地恋上了忆田上的衣服！

我曾渴望时间的安静。若遇知己，与禅衣、茶艺、布衣、素心为伴，哪里还会有什么刻骨伤痛？心中有花开，何必恨寒冬？新起之秀的忆田上原创品牌于我，便是如此。回归田园，慢生活的着装时尚，带给我的正是这种从内至外的洁净清透。

　　忆田上服饰采用大自然赐予的棉、麻、丝植物等天然材质，秉持纯自然的环保特性，延续良好的天然品质与东方意境；用服装特有的语言打动穿着的人，赋予服装以生命，给予穿着的人更多的自信与感动，细节藏于一针一线之中！

　　作为一位女性，我能做的仅仅是找到一种合适的状态，让女性特有的柔美妩媚保存得久一些。我非常感恩与忆田上的相遇，让我找到这种状态。

　　与忆田上结下心灵契约的我心动又心安，忘记一切烦琐融化其中，喜欢并伴随着它共同成长，继续期待她的美好与绽放！

文案三：在时光的路口，我遇见了你！

——刘女士，忆田上服饰（佳木斯）公司经理

　　题记：人生是一场岔路不断的旅行，如果幸运，在时光的路口，会遇见合适的旅伴

　　我站在松花江畔的夜色里，身边桃花盛开着，辉映着对面店里的灯火。那是我的梦想之屋，我的忆田上生活馆。我19岁进入服装行业，从打工妹，做到有了自己的服装店，兜兜转转已经有20多个年头了，还一直梦想开一家存于自己心目中与众不同的棉麻服饰店。

　　这么多年一直经营棉麻服装，自己也一直穿棉麻的衣服，喜欢它的天然与质朴，喜欢它的简单和舒适。我梦中的店应该是有花有鸟、有诗有歌、有香有茶的一方净土。它远离闹市，亲近自然，在此闺蜜可以小聚、相逢可以解忧。不华丽、不雍容，只有棉麻布衣，淡雅脱俗。来者，优雅从容；待客，心意相通。我不再是叫卖服装，而只是推荐一种生活。

　　我站在时光的路口，发现自己已经没有多少激情可以挥霍了。去年，我开始筹划着实现我的梦想，于是想起了忆田上服饰的刘岳。我们的情谊有20多年了，她一直和别人说是我把她带进了棉麻的世界，其实一直以来她对服装超乎寻常的热爱、痴迷和执着，是我望尘莫及的。

　　人生的喜悦就是遇见彼此同频的人，甚至成为你的合作伙伴。而我在时光的路口，恰巧遇到我的挚友也是我的偶像——忆田上的刘岳。这几年她一直在海宁和广州发展，全国开设了十多家店。最重要的是她还饱含奉献感恩之情，一直坚持做公益、献爱心。

　　她也一直想在老家佳木斯开一家高品位的经营棉麻的生活馆，因此我

们一拍即合。去年 6 月我们一起在滨江路选定了现在的馆址，我也正式加入了忆田上这个有着爱心有着共同目标的大家庭。

她懂得我的梦想，从设计到选材到装修陈列，都交由我负责，那份信任和理解让我如鱼得水！10 月，我梦想中的棉麻服饰生活馆开业了，销售的服装其原料产品都是纯天然的棉麻，在这里可以喝杯咖啡，泡壶清茶，听着舒缓音乐，为自己选一件钟爱的忆田上棉麻衣……

生命是一种回声，你选择最好的给予别人，也会在别人那里得到满足。因为尊重，我们彼此坦诚；因为感恩，让我愿意用真情去谱写不平凡的每一天，感恩我生命中遇到你，让我满满的正能量，满满的爱心，与你携手，寻找本真、共赢的生活。

文案四：高山流水遇知音

——藏女士，忆田上生活馆（佳木斯店）

题记：每一个人，内心深处都是温暖的，都是浪漫的。即使你普通的生活满是柴米油盐，你依旧期盼高山流水，渴望知音。

有一则故事感动世人，有一首曲子千古流传。故事是俞伯牙和钟子期的知音故事，曲子是《高山流水》。相传伯牙善弹琴，钟子期善听琴。伯牙弹到志在高山的曲调时，钟子期就说"峨峨兮若泰山"；弹到志在流水的曲调时，钟子期又说"洋洋兮若江河"。今天"知音"用来比喻对自己非常了解的人，知己朋友。

曾经，我很喜欢这个故事，并努力让自己学会理解美。16 年前，刚刚跨出校门的我，只因为爱美的天性，选择了服装行业。我从一名小小的导购员做起，历经稚嫩到成熟的蜕变，并期待着找到自己的知音。

但生活真的很"骨感"，慢慢地，更多的是柴米油盐，甚至到前两年，女儿中考，为了弥补对女儿的亏欠和尽到母亲的责任，我不得不放弃我所钟爱的服装，专心陪读，为女儿能如愿以偿地以优异的成绩考入省重点中学，做了全职主妇。

伴随着女儿的成长，心中的热情也慢慢地消退。我习惯了娴静，对流行的时尚已经不敢接触。难道自己老了？女儿高中开学了，我忽然感到寂寞和恐惧。我每天疯狂地出入各大商场，流连于各大服装品牌之间，恶补市场流行风，我知道，自己内心有一种说不出来的渴望。

有一天，我路过佳木斯江畔，一首古筝曲忽然飘来，竟然是《高山流水》！这不由让我眼前一亮，我循声而去，发现曲声来自一家名叫忆田上生活馆的小店，古朴典雅、贴近自然的装修风格下的小店像个茶室，却挂了很多棉麻布衣，手工刺绣的中国风服饰。

在店的一角，我坐下来，一位大姐端来一杯清茶，明媚的笑容让我心动。这不就是我曾经梦想中生活的样子吗？《高山流水》的曲子里，飘着淡淡的茶香，店里的人布衣素雅，笑容明艳，如此温馨的地方，给人的感觉正是我一直渴望，却找不到的感觉，这才是做服装的高境界。

后来知道大姐就是这家生活馆的刘经理，我立刻表达了想要加入团队的愿望。经过刘经理的面试与考核，我有幸成为忆田上的一员。

转眼，我已经做了这家店的店长，既有付出的艰辛，也有收获的喜悦。看到自己所热爱的地方兴旺与发展，就好像一个母亲看着自己的宝贝优秀地成长，心里充满了自豪和满足！

其实，知音是内心深处的共鸣，不是外表的浮华。通过在工作中与公司董事长刘岳的不断接触，我感受到了一个懂得服装更懂得人心的人的魅力，感受到一个热心公益的优秀企业家的爱心。

每天怀着一颗感恩的心，用微笑温暖顾客的心，用亲切赢得消费者的认同，用智慧推荐忆田上的生活态度和理念，就像水滴融入大海而永不干涸，就像星星闪亮在天宇才不寂寞，就像小草芬芳也绿了一季春天。

因为忆田上，我们汇聚知音者，同寻大爱，亲，我们在，你来吗？

文案五：遇见幸福

——陈女士，忆田上服饰（广州）公司

幸福的来去，总是很多人的纠结。幸福来得早，就有人生若只如初见的梦想，却忘记了时光里彼此也会成长，幸福也会老去。幸福来得晚，就有人狂喜于苦尽甘来，却忘了淡看得失，珍重曾经。

遇见幸福，是不分早晚的。自去年6月15日的偶遇忆田上服饰的经理林总，不知不觉我进入忆田上服饰（广州）公司已经快一年了。可以说，那次初遇是我与幸福的一次相遇。

在职场里，很少有老总有这样的要求，林总从来不让我们叫她林经理或者林总，而叫林姐。实际上她真的就像我们的大姐姐。对于她的关心、爱护、包容，也只有"姐姐"这个称呼最合适。

我曾经有过一段艰难的日子。我不甘于命运，剪短了头发，忘记了自己的性别，苦苦拼搏。但遇到忆田上，一切都变了。我忽然发现，原来工作还可以这样惬意。当你的每一份付出都有回报，每一分敬业都被铭记，还有什么纠结呢？在一个充满宽容和尊重的地方，听到真情的呼唤，你只能用爱来回应，内心还会有什么不能融化的坚冰？

遇到林姐，让我发现了另一个优雅知性的自己，走进忆田上，心暖神安。每天只做一件工作：着一袭布衣，安静从容地推荐本真的生活。女儿眼里的妈妈，也又变回了从前的样子，细语浅笑，长发飘飘。

人生很难如初见，如果经历了美好之后的不堪，就永不释怀，那未来的日子怎能再美好？不失意颓废，耐得住艰难，慢慢地体会，安然等待一场相遇，把邂逅时的刹那深深珍藏，不奢求天长地久，记得住相遇时的欢笑和温暖，便可迎来再次的幸福。

幸福来了，不分早晚，如果可以重新选择，我宁愿还是在曾经的那个地方、那个时间，遇见你。

文案六：合理跨界，从善如流

——张女士，哈尔滨与大农网的合作店

刚入秋，从东北家乡归来，一路看北方无际的田野里，金色麦田和绿色的稻田相间，远望像一块块巨大的锦绣相邻铺陈，抬头望天高云淡，仿佛微风中飘满收获季节的喜悦。我想着此次与大农网的跨界合作，心驰神往。

当"互联网+"风行于世，几乎没有哪家传统企业不渴望转型电商。时光荏苒，忆田上服饰经过几年的试水，经历更多的是交纳高昂的"学费"和得到失败的教训。我们希望把这一路上的思考分享给大家。

几年来许多品牌在不断地发力，借助互联网思维，以各种电商方式或网络营销手段，正改变着服装业的经营方式和格局。比如有些品牌推出新的商业模式，有些品牌涉足资本市场，有些品牌进行跨界发展……经历了长时间的思考和尝试，忆田上服饰正在逐步走出自己的互联网之路，而与大农网的合作，更是跨界合作蓝图上浓墨重彩的一笔。

其实无论借助什么或如何跨界合作，商务本身最根本的竞争力还是来自适合你的消费者的优质产品。因此就跨界合作来说，最基本的思路就是寻找文化同源、用户群有重合，但消费的商品可以互补的企业。忆田上服饰和黑龙江农垦的大农网，均是出自黑土地的高品质的企业，守护绿色生活，崇尚自然本真，是我们共同的企业追求。企业之间有着共同的情怀和梦想，产品的品质就有了相同的定位。忆田上服饰以设计生产高品质棉麻服装为主，而大农网电子商务有限公司以销售东北国营农场的粮油特产为主，用户群交叉却不产生竞争，是天然的合作伙伴。借助互联网思维，跨过平台电商时代的尴尬，从线上线下互动入手，打造新的商业格局，是中小企业互联网化的必由之路。

个人认为，企业跨界合作，不是毫无理由的机械组合，必须是从深层次的文化上挖掘互补和互助的基因，互惠共赢，才可以真正地为双方带来机遇。

合作的生活馆正在紧锣密鼓地筹备中，首家合作生活馆定于黑龙江省哈尔滨市中央大街与霞曼街交口处，惊艳亮相在即，敬请期待吧！

文案七：祈望诗与远方，不如做个布衣女子！

——郑女士，忆田上服饰总公司

我们赶在清明假期的前一天游古镇西塘，因为下雨，河道里只有我们一叶小船在慢慢地飘过水墨古巷，小桥流水。烟雨迷蒙中，我心底慢慢泛起岁月的迷雾，听着船桨跳动出空灵的水声，抿一口茶，悠然回看岁月深处的自己，回想那些过往的春天，是否都是如此的静美诗意？

岸上的风景中，我见到很多穿着中国风服装的女子，在人群中很亮眼，像烟雨中几盏摇曳的灯火，忽然点亮了一丝说不清楚的情愫。我不由得想起家乡，想起有袅袅炊烟，恬静自安的小村，安静温暖的童年！

同游的佳木斯老乡问忆田上服饰的总设计师刘总："这是你们的衣服吗？"

永远只穿着自己设计的棉麻旗袍的她，用喜悦的眼神仔细望了一下说："有几件不十分艳丽，安静一些的是我们的。"她说话很舒缓，优雅的表情中分明有自豪的神情。

安静一些的？以前她说服装是有灵魂的，总觉得有些玄，此刻忽然有些理解。兰花布装扮的乌篷船里，一袭布衣，素雅安静的她，脸上没有岁月风尘，想不出她从寒冷的北方到江南水乡遥远艰辛的跋涉。

很久以前她和我说，她要用服装唤起每一个女性内心的共鸣，穿上它悟得到女人该享受的宁静安然，让女人内外相和，幸福感通透外溢，人与布衣浑然一体。

的确，何必奢望每一颗种子都能繁衍成森林，每一滴晨露都能演绎出汪洋？记不得，谁在烟雨路上给我回眸一笑。记不得，谁笑我在烟花绽放时仰望夜空流泪，但记得住爱与温暖的任何一个瞬间。只要有爱在心，淡看得失，岁月才会流光溢彩。经历过，不愤世，学会安静，总能如在田上水畔，荡舟品茶，清词浅诵，夜近乌篷。

女人爱美，但只有与自己最相配、最和谐的美才最具有生命力。如果一款服装，设计者能细致地感悟着世界，内心充盈了真善美，用与你一样的对生命的感知，一起手绘本真的生活，心意相通，那么这服装便有了灵魂。

船停了，刘总轻声说该上岸了。我收不住思绪，望着她的背影，走在石板路上想：何必要拼命地把世间风景都看遍呢？人生旅途不长，择几处心仪的至美处，温暖自己，漫步流连，不好吗？

洗尽铅华处，心暖才安然。与其祈望诗与远方，不如，做个布衣女子吧！

文案八：心愿：要做一辈子的美人

一些女人在进入中年就会很慌张，仿佛每一天都危机四伏：遥不可及的事业，永远长不大的孩子，索然寡淡的婚姻，日夜流逝的年华，不可预测的未来……曾经的自信不知去哪了？

的确，受现代社会环境和市场环境影响，女人早不是以前足不出户、相夫教子、洗衣做饭的女人了，不仅这些工作依旧，还要和男人一样在外打拼，扛起更多的责任，压力很大，一旦青春渐远，自然会有人出现焦虑情绪。

我与忆田上结缘并工作的这些年额外的收获就是，做美丽女人必须懂三个词：健康、自信和负责。

做生意如同做人，跳出蝇头小利的误区，长情相伴才是成功。与忆田上的同仁们以利她的心态，传导健康、自然的棉麻生活方式给女人，用古琴、香茶疏导关心女人，做忆田上生活馆，为女性朋友提供一方交流天地等，其实都为实现一个心愿：让忆田上帮助女性发现美、创造美、享受美，这也是忆田上的责任。

让我们不再惶恐得如同死在沙滩上的前浪，做一颗气定神闲的珍珠吧，懂得在每一个细节呵护自己，对自己负责，纵然暂时被人生冷落，我依旧是自己的珍宝。

　　女性的美不是青春的同义词，不在繁华商业中心，不在大牌奢侈品，不在大颗钻戒，不在海誓山盟的誓言里。美在回归自然的一朵绽放的花里，在良人相伴的温暖里，在追求心灵自由的不惧不惑的人生里。

　　怎样才能做一辈子的美人？我想，健康自信、尽了责任的女人都很美，而且可以美一辈子。

三、餐饮品牌软文营销作品

　　上文提到的"莲素空间"素食餐厅面市之时，恰逢软文营销正当红。那么如何通过软文，有效表达出"莲素空间"素食餐厅的特点呢？团队重点设计了以下四方面基本内容。

　　一是秉承绿色环保的理念。"莲素空间"素食餐厅从食材的选购到烹饪方式，都严格遵循健康原则。餐厅所选食材皆为天然、无公害的绿色食品，注重食材的新鲜程度和营养价值。在烹饪过程中，餐厅严格控制油盐糖的用量，保证菜品低脂、低糖、低盐，让每一位顾客都能品尝到美味的同时，享受到健康的饮食。

　　二是突出丰富多样的菜品。"莲素空间"素食餐厅拥有丰富多样的菜品，满足不同消费者的口味需求。在这里，消费者既能品尝到传统的中式素食，如凉拌木耳、炖南瓜等，也能感受到异域风情的素食美食，如意大利面、墨西哥卷等。此外，餐厅还提供各式蔬菜、水果饮品，为消费者的味蕾带来无尽的惊喜。

　　三是雅致舒适有情调的环境。"莲素空间"素食餐厅注重打造一个舒适、优雅的就餐环境。店内装饰风格简约大气，绿色植物点缀其中，让人仿佛置身于一片宁静的净土。餐厅还提供宽敞明亮的空间，适合举办各类聚会、庆典活动，让消费者在品味美食的同时，享受愉悦的心情。

　　四是贴心周到的服务。"莲素空间"素食餐厅以顾客为尊，提供贴心周到的服务。从入店时的热情接待，到用餐过程中的细心照顾，服务员都会让您感受到家一般的温馨。此外，餐厅还提供定制化的菜单，为特殊需求的顾客提供专属服务，让每一位顾客都能在这里找到适合自己的美食。

　　团队创造出来的软文整体上要营造出这样的氛围：来此地不仅可以品

尝到美味健康的素食，还能享受到愉悦的用餐体验。团队号召消费者共同走进"莲素空间"，感受素食的魅力，享受健康的生活方式。

文案一：菜品软文系列——蒸素鹅

蒸素鹅就是蒸葫芦瓜。

把蒸葫芦瓜叫作蒸素鹅，始于元朝著名画家倪云林的一次家庭聚会。

相传，从笃信佛教的梁武帝提倡的素食以后，"以素代荤"的蒸调技艺大为流行。当时正活跃于江浙一带的大画家倪云林，就常常自制"以素代荤"的菜肴来娱乐。蒸素鹅的典出，就源于他与客人们开的一次"葫芦玩笑"。

当时倪云林为做寿，邀集了满堂亲友。在安排膳馔时，他特地大声吩咐家人："你们心细一些，毛要弄干净，下锅煮时要用武火，煮得要烂些，注意别扭折了脖颈！"

客人们都猜想请吃的是鹅鸭之类的菜。后来大家开始吃，待这道带"脖颈"的菜肴端上桌时，人们一看，盆里盛的竟是一个完整的蒸葫芦瓜，大家一下子都茅塞顿开。

葫芦在中华文化中一直是高深莫测之物。倪云林"勿拗折颈"的叮咛，揭示出另一则关于"强颈"的典故：汉代一位耿直的县官依法办案冒犯了公主，皇帝让他磕头道歉，尽管被太监按着脖颈，他还双手撑地，死也不低头。皇帝戏言："你这脖颈就像葫芦，除非砍了，否则是弯不了的。"

倪云林做的这道菜其实并没有以古讽今之意，只为玩笑。笑什么？让人们在上菜之前误以为上的是一道未断脖颈的鹅或鸭，可给大家吃的却是"素鹅""素鸭"。

虽然"受骗上当"，但人们边笑边吃，一样吃得很香，很有味。大家言笑之余，把这道菜肴取名叫"蒸素鹅"，因为此菜出自倪云林，所以也被称为"云林鹅"。

经过数百年的演变和改进，如今我们仍能在无锡尝到的"蒸素鹅"，它已经是地地道道的仿荤素食了。

方案二：菜品软文系列——并蒂花开

"月落城乌啼未了，起来翻为无眠早。薄霜庭院怯生衣，心悄悄，红阑绕，此情待共谁人晓？"我自从听了莲素宴的来历，最近忽然喜欢上了纳兰性德的词。人生路长，难免孤独，难免忧伤，难免有痛失真爱的悲痛，也难免有无法排解的彷徨！谁，在听我呢喃？让思念穿透氤氲云海，谁，在远方？隔着红尘的渡口，将一颗心放逐在冰封的长河对岸流浪？遥想当年，纳兰性德与新婚妻子聚少离多，常以诗文寄情，李御厨叹其情深，特为其制作一道名菜，就是今天在莲素空间传自莲素宴的名菜——并蒂花开。为突出纯真的情谊，当年此菜以小棵白菜心为主料（现代已经改用娃娃菜），配秘制蒸料上锅蒸熟，再配以双味调料，一边是炸蒜蓉金黄油亮，一边是剁鲜椒色香味浓，加上蒜香与辣味相和，犹如并蒂双莲，美不胜收，寓意着：执子之手不相忘，并蒂花开共白头。

方案三：菜品软文系列——素烧芋

相传宋哲宗绍圣四年，苏轼被贬至海南儋州，与惠州人吴子野私下关系甚密。在除夕前两天，吴子野邀苏轼前去做客赋诗，两人玩到深夜，有点饥饿，吴子野劝食白粥，苏轼则道："食芋饮水，著书以为乐。"吴子野应同，即与苏轼同食烧芋。

苏轼吃过吴子野的烧芋，觉得极有特点，心血来潮，便书写一篇《煨芋帖》：《本草》谓芋土芝，云益气充饥。惠州富此物，然人食者不免瘴。吴远游曰："此非芋之罪也。"芋当弃皮，湿纸包，煨之火，过乃热敢之，则松而腻，乃能益气充饥。今惠人皆知和皮水煮，顽少味，其发瘴固宜。丙子除夕夜前两日，野馋甚，乃为书此帖。

把芋烧熟了吃，很平常。《唐书》就记载过懒残和尚烧芋给李泌吃的故事。将芋去皮，包上湿纸，再用火煨，焖烤至熟方法则是潮州地方特有的一种美食法。

苏轼本人也是一位美食家，因而郑重记下此法以传世。在享受这样一顿平生少见的美餐后，苏轼还写了一首诗抒发自己的感受："松风溜溜作春寒，伴我饥肠响夜阑。牛粪火中烧芋子，山人更吃懒残残。"

由于当时儋州盛产芋，苏轼便和儋州的芋结下了不解之缘，常常自己下厨做素烧芋，并吃芋赋诗，当地的老百姓就把口口相传的"素烧芋"这道菜名沿袭了下来。

现在老百姓家常的素烧芋虽然很简单，但不会简单到如古食那般单一。就像我们现在吃的一样，还得用些素菜来煮制调味，方觉可口。

方案四：菜品软文系列——莲素腊八粥之一

我看日历发现明天就是腊八了！想起 2008 年的腊八节，北京 4 000 多人在雍和宫喝腊八粥的情景。"那一碗温润缠绵的腊八粥，由老北京的雍和宫中熬出，捧在手中自有一份庄严虔敬。看福气冉冉升起，祈来年岁月静好。念及吴歌'十二月食谣'：'正月闹元宵，二月撑腰糕……十二月腊八粥糯米烧'，全年皆觉被甜蜜萦绕。"

明天莲素空间哈西万达店有免费品尝"莲素腊八粥"的活动！明天来莲素，无须借薄酒御风寒，一碗莲素腊八粥，配几道清淡菜，静静坐坐，看窗外人来人往，回想腊八粥的故事，竟莫名地在繁华街市外有了一种超然出尘的感觉，也许这就是古人常说的心静自然安吧。

古代的天子或诸侯，在年终时候要举行祭祀八种自然神灵的仪式，这被称为蜡祭。后来蜡祭流传到了民间，就是腊月初八，南方的人们要吃腊八饭，北方的人们要喝腊八粥。每逢腊八这一天，不论是皇宫、官府、寺院还是黎民百姓家都要做腊八粥。

到了清朝，喝腊八粥的风俗就更盛了。在宫廷，皇帝、皇后、皇子等都要向文武大臣、侍从宫女赐腊八粥，并向各个寺院发放米、果等供僧侣食用。

每年到了腊月初八雍和宫内都会十分热闹，寺中的僧侣要从腊月初一这一天就开始张罗搭棚垒灶，要事先在后面的万福楼前及其他地点支好六口大锅，等到腊月初七黎明时，就要往大锅里放好各色作料，兑上泉水，一直熬，并且在熬粥时，寺中僧侣还要同时念经祈福，据说这锅腊八粥要一直熬 24 个小时，直到腊月初八拂晓时分方可出锅。每到十二月初八这一天，方圆十里之外的人都可以闻到雍和宫的粥香。

而"莲素腊八粥"正是以传统方法熬制的，今早，我们的粥已经在制作中了，明天，请来吧！

方案五：菜品软文系列——莲素腊八粥之二

今天是腊八，莲素空间的免费腊八粥很受好评！但李总却感觉很抱歉，因为精力有限，没办法为所有的高朋献上一碗最具特色的祖传秘制的"莲素腊八粥"！

中国的腊八粥花样繁多。其中以北京的最为讲究，掺在白米中的物品较多，如红枣、莲子、核桃、栗子、杏仁、松仁、桂圆、榛子、葡萄、白果、菱角、青丝、玫瑰、红豆、花生……总计配料不下20种。人们在腊月初七的晚上，就开始忙碌起来，洗米、泡果、剥皮、去核、精拣，然后在半夜时分开始煮，再用微火炖，一直炖到第二天的清晨，腊八粥才算熬好了。相比之下，来自李氏秘传的"莲素腊八粥"还有更多的秘密。

原来，李氏做法中，还要先将腊八粥中的莲子进行雕刻，分别成莲花、莲藕等花样，再放在锅中煮。更讲究的，还要用枣泥、豆沙、山药、山楂糕等具备各种颜色的食物，捏成其他景物，装饰在腊八粥碗上才上桌。

可惜，今年我没能得见如此华美的"莲素腊八粥"，但据说莲素空间形象店快开业了，明年也许有机会吃到吧？我非常期待！

《祀记·郊特牲》说蜡祭是"岁十二月，合聚万物而索飨之也"，腊八粥以八方食物合在一块，和米共煮一锅，是合聚万物、调和千灵之意。

另外，腊八粥传说很多，其中有一种版本源自印度。佛教的创始者释迦牟尼本是古印度北部迦毗罗卫国（今尼泊尔境内）净饭王的儿子，他舍弃王位，出家修道。初无收获，后经六年苦行，于腊月八日，在菩提树下悟道成佛。在这六年苦行中，他每日仅食一麻一米。后人不忘他所受的苦难，于每年腊月初八吃粥以作纪念。"腊八"就成了"佛祖成道纪念日"。

佛教兴盛以后，为了纪念这件事，就规定这个日子为古印度人民"斋僧"和救济穷人而施舍饮食的日子。

吃腊八粥，除了有纪念佛陀成道开悟的意义，还有温暖、圆满、和谐、吉祥、健康、合作、营养、淡泊、方便、感恩、欢喜（以粥代茶）、结缘等意义。

这一天我们把腊八粥最好的食用方式分享给大家——"分食"。"分食"腊八粥有"赠福"之意。所以，今天我为大家赠上一碗充满祝福和爱意的粥！期盼大家新的一年都能兴旺多福！

后记

  这本书是笔者对多年的社会化营销工作探索与职业教育实践的点滴总结的成果展现。在本书的撰写过程中，笔者充分借鉴了国内外先进的社会化营销理论，结合自己的实践情况，旨在为广大读者提供一本具有实战指导意义的社会化营销参考书。本书通过丰富的原创案例，使得理论知识更加生动易懂，可以帮助读者学以致用，增强社会化营销能力。

  笔者还希望本书可以帮助读者在未来的社会化营销实践中，通过掌握社会化营销的核心技巧，为企业和个人创造更多的价值。

  感谢所有支持本书写作及出版的读者、同行及家人，是你们的关爱和支持，让笔者有信心和动力继续前行。期待与大家在社会化营销的道路上共同成长，共创辉煌。

  首先，笔者要感谢笔者的团队成员，他们一直是最坚实的后盾。在笔者写作的过程中，他们给予了笔者无尽的支持和鼓励，让笔者能够专注于书稿的完成。

  其次，笔者要感谢笔者的同事和领导，他们的建议和意见使我在工作中不断进步，也为我提供了许多宝贵的写作素材。

  最后，还要感谢该领域的专家和学者，他们的研究成果为笔者提供了理论基础，使笔者在写作过程中能够更加深入地探讨社会化营销的各个方面。

  祝愿我国社会化营销事业蓬勃发展！再次感谢所有支持笔者的人！祝愿广大读者事业有成，前程似锦！致谢！

张春华 郑忠阳
2024 年 9 月